自由之舞 鄧肯

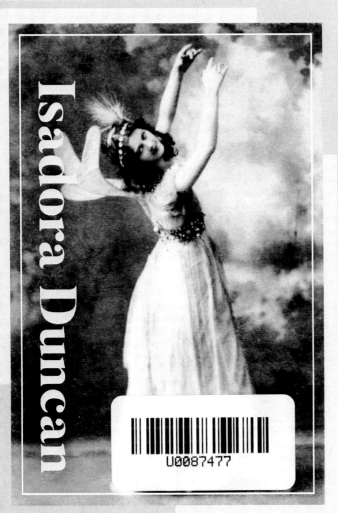

Isadora Duncan

以復興為起點創新
現代舞的奠基者
的奠基者

盧芷庭，賴春紅——編著

舊舞壇的異端，新舞種的開創者

她，厭倦使芭蕾舞喪失意義的僵化訓練；

她，痛恨資本主義所帶來的藝術精神消亡；

她，決定做個異端，來一次驚世駭俗的復興。

她是現代舞蹈之母——鄧肯！

目錄

目錄

最後的歲月

附錄

目錄

序

伊莎朵拉·鄧肯（Isadora Duncan, 1877 ～ 1927），美國女舞蹈家、編導、教師，現代舞的先驅，被譽為「現代舞之母」。

1877 年 5 月 26 日，生於美國舊金山。少年時期學過一些舞蹈，由於生活貧窮，加入奧古斯丁·達利的舞蹈團，在美國各地演出。

鄧肯 6 歲就能教朋友跳舞，並表現出對僵化、刻板的古典芭蕾的反感，她立志把自己的舞蹈建立在自然的節奏和動作之上，去解釋和表演音樂家的作品，她不屑於為生活而去跳低級的商業化舞蹈。

21 歲時她被迫去英國謀生，在不列顛博物館潛心研究了古希臘藝術。受古希臘藝術的影響，鄧肯創立了一種動作自然、形式自由的舞蹈。

1904 年至 1913 年鄧肯數次訪問俄國，她的表演對俄羅斯芭蕾舞產生了較大的影響，震動了俄國藝術界。

1913 年以後，她的創作轉向悲壯的、英雄的題材 —— 貝多芬、華格納、柴可夫斯基的音樂。這其中有她創作和表演的最著名的作品《馬賽曲》、《斯拉夫進行曲》、《國際歌》、《第六交響曲》等。

序

　　1921 年，鄧肯應邀去蘇聯辦學，同時在德國、法國設有舞蹈學校。她曾謳歌過蘇聯十月革命。

　　1922 年，她與蘇聯詩人葉賽寧結婚，後又與之分手。

　　1927 年 9 月 14 日，鄧肯在尼斯因意外事故去世，享年 50 歲。著有《論舞蹈藝術》和自傳《我的生平》。

成就與貢獻

　　鄧肯從古代雕塑、繪畫中找到了她認為理想的舞蹈表現方式。她從古典音樂中汲取靈感，追求「可以透過人體動作神聖地表現人類精神」的舞蹈。她認為：技巧會玷汙人體的自然美，動作來源於自我感覺，舞蹈應該自始至終都表現生命。因此，她在倫敦的表演，使觀眾耳目一新，在整個歐洲受到人們的歡迎。

　　而她的自由舞也絕非以「興之所至的意志」來作為基礎。她的舞蹈創作基本上源自 4 個方面：自然主義、古典音樂、古希臘精神和革命主義熱情。

　　熱愛健美、自由的古希臘精神與鄧肯要在自然中追求的理想不謀而合。她在古希臘瓶畫的姿態中，發現了她浪漫主義精神的理想形態。鄧肯根據希臘文化創作的代表作品有《伊菲革涅亞在奧利斯》、《酒神巴克斯》、《復仇女神》等。

地位與影響

作為一個舞蹈家，鄧肯獲得了成功。她成為美國現代舞蹈的奠基人，並以自己創辦的舞蹈學校，傳播推廣了她的舞蹈思想和舞蹈動作，影響了世界舞蹈的發展。

鄧肯在世界觀上既接受柏拉圖、叔本華、尼采、盧梭的觀點，又接受惠特曼的影響。其主流具有一定的民主性。鄧肯畢生從事舞蹈改革與創新，她的實踐和理論對當時和後來的舞蹈藝術發展都有很大影響。

她的舞蹈是革命性的，與一直統治著西方舞壇的芭蕾舞大相逕庭，充滿了新鮮的創意。

羅伯特‧亨利曾說：「看到她以後，使我想起惠特曼的偉大聲音，我從她的舞姿中發現了深奧的哲理。看她跳舞時，使我興奮的不僅是她的表現之美，而是她對於將來的人們所給予的純粹美的人生意義。」

她令俄國舞蹈家福金「高興得發狂」，他說：「我從她的舞蹈中看到了我正在追求的東西，也就是我向同伴們所要求的表現性、單純性和自然性。芭蕾一點也不美。」

鄧肯不單是復活了古希臘精神，而且是超越了它，把「最高的智慧蘊藏在最自由的肉體之中」。

波德萊爾曾說：「舞蹈能啟示一切蘊藏在音樂中的東西，鄧肯把肉體動作發展為靈魂的自然言語。」

序

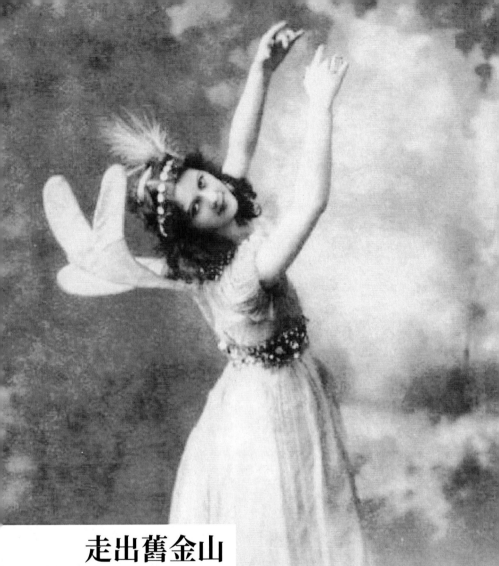

走出舊金山

所謂女性美，乃由認識自己的身體開始。

—— 鄧肯

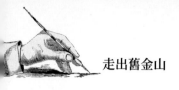

生來具有舞蹈天賦

1877 年 5 月 26 日，伊莎朵拉·鄧肯出生於美國西部的舊金山。

舊金山坐落在洛磯山脈和太平洋之間，由於其獨特的地理環境，這裡聚集了大量的新大陸移民，德意志、愛爾蘭、法蘭西等各種血統的移民以及非洲的難民、亞洲的勞工，占據了城市 80% 的人口。

各種文化傳統、社會背景和生活方式，在這裡交雜、融合，使得城市的人文關係和社會思潮異常活躍。

鄧肯的母親是一位擁有愛爾蘭血統的移民音樂家，靠當貴族家庭的音樂教師為生。她每天的音樂教學使得鄧肯在媽媽的肚子裡就和音樂打上了交道。

可以說，鄧肯的性格在娘胎裡就定了，她在娘胎裡便開始跳舞。肚子裡的鄧肯一聽到音樂，就把媽媽的肚子踢得凸凸凹凹，這讓媽媽經常痛苦地對旁人說：「哦！我的這個孩子一定很不正常，也許，我會生下一個怪物。」

她一生下來，似乎就開始手舞足蹈。母親此時不由得大叫：「瞧！我沒說錯吧，這孩子是個瘋子。」

後來，小鄧肯就成了全家和朋友們的笑料：他們給她穿上衣服，放在桌子上，然後演奏音樂曲子，於是她便隨著起舞。

不幸的是，小鄧肯還在襁褓中時，父親和母親便離了婚。鄧肯和一個姐姐、兩個哥哥與母親生活在一起。

漸漸長大的小鄧肯發現自己沒有爸爸，一次，她好奇地問姨媽：「我為什麼沒有父親？」

姨媽回答說：「你曾經有過。但他後來變成了惡魔，他毀了你母親的一生。」

從此以後，小鄧肯總是把自己的父親想像成圖畫書中有角有尾巴的惡魔。當別的孩子談到他們父親的時候，她則一聲不吭。

這個家庭是非常貧困的。當她 5 歲的時候，住在唐人街第 23 街的一所小房子裡，因為沒有錢付房租，無法再住下去了，只好搬到了第 17 街，但很快他們的錢又無法支付房租了，怎麼懇求房東也不寬限他們，一家人又只好搬到第 22 街，可是又沒有住多久，就又搬到了第 10 街。鄧肯幼年時一直過著這種居無定所的生活。

鄧肯的母親是一位天主教徒，有著極其堅強的毅力、博大的愛心和對目標的執著追求，而現在，她獨自帶著 4 個孩子，生活非常艱難。

為了孩子們都能夠生活得很好，母親經常工作到很晚才回家。於是，鄧肯和哥哥姐姐們的童年過著無拘無束的自由生活。

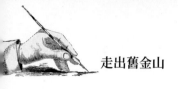

　　鄧肯看到，那些富家子弟們雖然每天都穿得漂漂亮亮，但是由保姆和家庭老師寸步不離地伺候著真是悲哀極了，因為她覺得，他們沒有自己過得自由自在。

　　多年以後，鄧肯回憶起自己的童年時光，覺得童年自由的生活是她最初舞蹈的靈感來源，她在回憶錄中這樣寫道：

> 因為我創作的舞蹈都是表現自由的，而我童年的生活
> 就是無拘無束、放縱不羈的。
> 我的母親、姨媽、姐姐和哥哥們，從來沒有對我說
> 「不能這樣做」、「不能那樣做」，而別的孩子呢？卻
> 因為了各種「不許」而帶來了童年的苦難。

　　在童年這段自由的日子裡，鄧肯最喜歡和姐姐一起去海灘玩。她凝望著起伏的海浪，還有長尾巴魚偶爾躍出海面，這神祕的潮汐，洋溢出了生命的氣息。

　　從這時起，鄧肯自己悟到了關於運動、舞蹈的最初的觀念。

　　鄧肯卓越的舞蹈天才是與生俱來的，從一開始，她就在她的舞蹈中追求動作的自由、身體的舒展。

　　在海灘上，她不由自主地動了起來，她的手臂、軀體在陽光的召喚和濤聲的指引下，開始了舞動。她彷彿一縷陽光，用金色的翅膀拍打著雲朵；她彷彿一朵浪花，融入宇宙的旋律。所有的夢想都順從自然的旨意。美是天使，自然是上帝。

　　鄧肯的舞蹈中充滿著對自由的嚮往，在浪潮最激盪的一剎那，鄧肯奮力騰空，雙膝猛然收縮，跪倒在海水中，兩臂高舉向天。奔湧的浪花一哄而上，簇擁在她周圍。鄧肯感覺自己就好像變成了在海中誕生的女神維納斯。

　　由於鄧肯擁有上天賦予的舞蹈才能，當她還不到 6 歲時，她的舞蹈天賦就顯露出來了。

　　有一天，母親回家發現鄧肯召集了六七個街上的孩子，他們很小，還不會走路。鄧肯讓他們坐在自己面前的地板上，教他們揮動手臂。

　　母親走過去問她在做什麼？鄧肯認真地回答說這是自己辦的舞蹈學校。母親覺得很有趣，就坐在鋼琴前面為她彈奏樂曲。後來，這個「學校」繼續辦了下去，而且大受歡迎。

　　鄰居的小女孩們都來了，他們的父母給小鄧肯一點錢，讓她教她們。於是，鄧肯成了世界上年齡最小的「舞蹈教師」。鄧肯感到很自豪，她能為母親分憂解難了。

　　唐人街上熙熙攘攘，走來走去的都是黃皮膚黑頭髮的東方人，兩邊都是絲綢、油鹽、稻米等小商品店和一些當鋪。在這裡，氤氳著一種古老文明所賦予的堅忍與寧靜，這裡的人處事泰然，待人誠懇。

　　有很長一段時間，小鄧肯都喜歡去唐人街走走，這時的她留著一頭金髮，愛穿一雙爛布鞋，她長得瘦瘦的，以至於

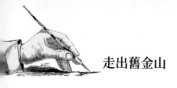

身上的白色長袍顯得非常寬大。有時，她會在頭髮上別一個很舊的髮簪，讓人一看就知道她不是有錢人家的子女。

小鄧肯每次走過唐人街，街坊們都要稍稍停下手中的工作，看一眼這個哪怕把她塞進髒亂的地方，也不會對她的氣質改變多少的非常漂亮的小女孩。

小鄧肯總是去街北的一家絲綢店，望著櫥窗裡的幾塊中國刺繡。

去看的次數多了，那位慈藹的中年女店主，終於走過來問小鄧肯：「小妹妹，妳想買嗎？」

小鄧肯說：「非常想，但我買不起，所以只好天天來看。」

婦人無奈地一笑，又招呼別的顧客去了。直到顧客全走光了，而且快到了打烊的時間，她發現小鄧肯竟然還趴在櫥窗上看著那些刺繡。

女店主看見她可愛的樣子，便問：「小女孩，妳叫什麼名字？」

「伊莎朵拉・鄧肯。」

「看得出妳很喜歡它們。妳選一幅吧！」

「不要，看看也好的。我沒有錢。」

「妳幾歲了？」

「下個月就滿 7 歲。」

「多乖的孩子，這樣吧，阿姨送妳一幅做生日禮物，妳選吧！」

小鄧肯的臉上漾開了笑的漣漪，甜甜的，散發著童真的芬芳。她的手指著其中的一幅：「阿姨，我要那幅，幾條金魚在水中快樂地嬉戲、追逐，我甚至聽得見牠們的笑聲呢！」

「好的，就這幅了，送給妳。」

「不，我不能白拿您的。我會跳舞，我跳個舞給您看，好嗎？」

「好哇，太好了！」

小鄧肯就在櫃檯前的一小片空地上擺開了架勢。她一隻手伸向前方，另一隻手別在身後，腦袋倚著手臂，定一定神。

突然，一個俯衝，好像是躍入碧濤，她的整個身體像一條小魚兒，時而穿花繞石，擺尾暢遊，時而露出水面，躊躇四顧。多神氣啊！

小鄧肯收回最後一個姿勢，只見店鋪門口已經被觀眾圍得水洩不通了。她害羞起來，趕快從老闆那裡拿了刺繡，在人群中找了一條縫鑽了出去。

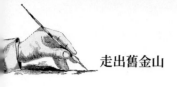

倔強不屈的小學生

7歲時，小鄧肯終於走進了學校。開學的第一天，老師布置學生們寫一篇作文，介紹各自的家庭，寫完就唸給她聽。

鄧肯把她的生活情況照實寫了下來，然後唸給老師聽。但沒完沒了的「搬家」，讓老師聽煩了，她拍案而起，罵鄧肯是搗蛋鬼，故意用惡作劇耍弄老師，並把鄧肯送到了校長面前。

校長冷冰冰地說道：「叫她母親來領人。」

鄧肯的母親來了。當她讀著女兒的這篇作文時，忍不住痛哭失聲，她告訴校長和老師：「我發誓，這些都是實實在在的真話。我們就是這樣流浪的。」

這時，全家住在三樓的兩間四壁空空的房間裡。有一天，鄧肯聽見前門鈴聲響，到前廳開了門。

來人是一個相貌端正、頭戴禮帽的紳士。他說：「請問，是鄧肯太太家嗎？」

小鄧肯回答：「我就是鄧肯太太的小女兒。」

那位陌生紳士突然把小鄧肯抱在懷裡，淚流滿面，不斷地吻她說：「這就是我的翹鼻子公主嗎？」

小鄧肯非常驚訝，睜大了眼睛看著他問：「你是誰？」

陌生人流著淚回答：「親愛的寶貝，我是你的爸爸呀！」

鄧肯一聽，一下子心花怒放，連忙跑進屋去，告訴母親：「媽媽，這下好了。爸爸回來了！爸爸回來了！」

母親猛地站起身來，臉色慘白，全身發抖。她像生怕被別人抓住一樣撲進隔壁房間，猛地反鎖上了房門，歇斯底里地叫喊道：「叫他走開，叫他走開！」

鄧肯從狂喜到驚慌再到恐懼，但她馬上冷靜下來，走到前廳，很有禮貌地對爸爸說：「很抱歉，家裡人不太舒服，請您改天再來。」

後來，爸爸又來了好幾回。但他再沒要求見其他人，只是帶著鄧肯一起出去玩，買冰淇淋和點心給她吃。

鄧肯漸漸了解到，爸爸是一個詩人，他非常英俊而且富有。讓他變心的是加利福尼亞州的女詩人艾娜·庫爾勃利絲，她在一所公共圖書館當管理員。爸爸帶鄧肯去過那裡。

有一段時間，爸爸沒來看鄧肯。鄧肯著急地去詢問艾娜。艾娜說：「他破產了，不知道去了哪裡，我也在到處找他呢！你爸爸這個人就這樣，誰也拗不過他。」

鄧肯後來再也沒有見過爸爸。

鄧肯慢慢長大，已經10歲了。在性格堅強的母親的影響下，鄧肯也養成了倔強不屈的個性。

這年聖誕節的時候，學校召開盛大的聯歡會。老師給班上的學生們分發糖果和蛋糕，並對孩子們大聲說：「孩子們，

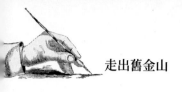

瞧，聖誕老人帶什麼來給你們了？」

小鄧肯立即站出來，嚴肅地回答：「我不相信你所說的，我不相信什麼聖誕老人。」

老師聽了很不高興，厲聲說：「只有相信聖誕老人的小孩兒才有糖果！」

小鄧肯轉身，面向全班同學，激動地說：「我們不能相信謊言。我媽媽告訴我，她太窮，當不了聖誕老人。只有那些有錢的媽媽，才能裝扮聖誕老人，送禮物哄她們的孩子。而我媽媽一點錢都沒有，除了4個孩子。」

班上立刻喧譁起來，孩子們都嚷著「不要糖果」、「不要假聖誕老人」！

老師非常惱怒，她惡狠狠地揪住小鄧肯，使勁把她往下按，強迫她跪在地板上。鄧肯咬緊牙，將全身的力量灌注到兩腿，死不屈膝。老師氣急敗壞，只好讓她站到牆角上去。

鄧肯不停地轉過身來喊著：「沒有聖誕老人！」

最後老師沒有辦法，竟然開除了鄧肯。

鄧肯昂著頭走出了校門，她在回家的路上仍不停地喊著：「沒有聖誕老人！」

她一點也不後悔，她說的是真話。何況，她早就討厭課堂裡的冷板凳了。回到家，鄧肯一五一十地向母親匯報。

貧困和屈辱，已使得母親從一位虔誠的天主教徒，成了一名徹底的無神論者。她的宗教情感，慢慢地轉化成另一種

能量，與命運抗爭，教子女成人。

母親拉著小女兒的手說：「孩子，你說得對，沒有聖誕老人，也沒有上帝。只有你自己的靈魂和精神才能幫助你。」

自從離開學校之後，小鄧肯就一直在母親的親自教育下成長。鄧肯的母親本來就是一名家庭音樂老師，這使得鄧肯從小就受到了良好的藝術薰陶。

鄧肯的母親白天出去教課，晚上，母親為她的 4 個子女彈貝多芬、舒曼、莫札特、蕭邦的曲子，或者朗誦莎士比亞、雪萊、拜倫、濟慈的作品。

白天，鄧肯一個人悄悄地去庫爾勃利絲的圖書館，貪婪地攻讀荷馬、狄更斯、薩克雷的全部著作。最讓她不忍釋卷的是惠特曼的詩，那充滿熱情的句子深深地打動了她，她一不小心就忘乎所以地在座位上念出聲來：

我輕鬆愉快地走上大路，

我健康，我自由，

整個世界展開在我面前，

漫長的黃土道路可引我到想去的地方。

從此我不再希求幸福，

我自己便是幸福，

從此我不再啜泣，

不再遲疑，也不要求什麼，

消除了家中的嗔怨，放下書本，

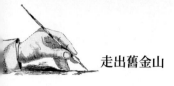
停止苛酷的非難，我強壯而滿足地走在大路上。

地球，有它就夠了，

我不要求星星們更和我接近，

我知道它們所在的地位很適宜，

我知道它們能夠滿足屬於它們的一切。

鄧肯 10 歲的時候，來學跳舞的小女孩越來越多了。她對母親說自己已經會賺錢了，這比上學重要得多，上學只會浪費時間。她把頭髮梳攏，盤在頭頂上，自稱 16 歲。

就外表來說，她的個子很高，誰聽了都會相信。她的姐姐伊麗莎白是由姥姥撫養大的，後來也和他們住在一起，教這些班的舞蹈。需要她們的人越來越多，舊金山許多有錢人家都請她們去教舞蹈了。

鄧肯的哥哥奧古斯丁極為喜愛戲劇，他率領弟妹們成立了一個小劇院，這個小小的劇院越辦越好，在鄰里中受到熱烈的讚譽，因此，他們就想到海濱去巡迴演出。

鄧肯跳舞，奧古斯丁朗讀詩歌，然後合演一齣喜劇，伊麗莎白和雷蒙德也扮演了角色。儘管鄧肯當時才 10 多歲，其餘的孩子也不過十幾歲，他們遍及聖克拉拉、聖羅莎、聖塔巴巴拉等海濱地區的巡迴演出卻非常成功。

鄧肯的叛逆性格，使她一向反對傳統舞蹈諸多規則的約束，嚮往自由，她的舞蹈充盈著張揚的個性，表現著一種純粹源於自然的美。

　　她們的舞蹈學校一天天擴大，偶爾也有大學生來報名學習，於是也就教一些「社交舞」。

　　鄧肯雖然還是個小孩子，但她時時表現出對現實社會極為強烈的叛逆，她也是家裡最勇敢的，每當家裡已經快要斷了糧食的時候，她總會主動地到肉店去，向老闆努力解釋，並用言語打動老闆送她一些小塊羊肉。有時，她還要到麵包店去，費盡心機讓老闆賒給她一些麵包。

　　舞蹈學校的規模大了，但隨之開支也愈來愈大，而學費卻少得可憐。她們沒有理由拒收那些窮人家的孩子，因為她們教舞蹈是對舞蹈的熱愛而不是對金錢的追求。這就增加了母親的負擔，她除了為學校伴奏外，還得抓緊時間做些編織去換錢。

　　有一回，商店硬是不肯收購她編織的東西，母親急得直哭。

　　鄧肯安慰母親說：「天無絕人之路。」

　　說完，鄧肯從母親手裡接過籃子，把織好的一頂絨帽戴在頭上，把連指手套也戴著，自己做「活廣告」，一家一家地去兜售叫賣。幾乎所有的人家都相信和喜愛這個美麗的女孩。

　　鄧肯賣掉了所有的東西，而且所得的價錢比賣給商店要多上幾倍。

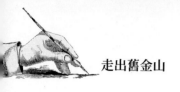

到芝加哥異地求生

有位可愛的老太太是鄧肯一家的朋友，常去他們家消磨晚上的時間。她從前在奧地利的維也納住過，她說：「伊莎朵拉使我想起了范妮・艾斯勒。」

范妮・艾斯勒是義大利著名芭蕾舞演員，曾在歐洲各大城市演出，頗受歡迎。老太太常常為他們說艾斯勒大獲成功的故事。她總是說：「伊莎朵拉將成為范妮・艾斯勒第二！」

她的話激勵了小鄧肯的雄心壯志。

老太太讓鄧肯母親把她送到了舊金山一個著名的芭蕾舞教師那裡去學習。但是，鄧肯並不喜歡這位教師的課。

在第一天上課時，老師教小鄧肯把腳尖踮起來，這讓鄧肯很難理解。她問老師：「為什麼要這樣跳呢？」

老師回答說：「因為這樣美。」

「不！老師，我覺得這很醜！」鄧肯繼續對老師說，「您不覺得這樣做很不自然嗎？」

老師有些生氣了，他不客氣地對鄧肯說：「我們這是在跳芭蕾，妳懂嗎？」

鄧肯覺得自己並不喜歡芭蕾舞，上完三節課以後，她就不去了，而且永遠也沒有再去。

在鄧肯看來，那個芭蕾舞教師稱之為舞蹈的那些僵硬而陳腐的體操動作，只是擾亂了她的理想。她追求的是一種與

此不同的舞蹈。她說不清它究竟是一個什麼樣子，然而她探索著，走向一個看不見的世界，一旦找到鑰匙，她就能夠進入這個世界。

鄧肯渴望著到家鄉以外的地方去闖一闖，她不停地對母親說：「我一定要離開舊金山，不能再等了。」

「伊莎朵拉，我理解你的心情。如果你執意要走，我願意跟你去任何地方。你雖然懂事，但畢竟太小，還需要媽媽。」

「那可太好啦，媽媽，我們倆先去，等賺了錢，再讓姐姐和哥哥們去。」

「嗯，好吧！」

1890 年夏天，母女倆將身上所有的錢估算了一下，頂多只夠買兩張去芝加哥的車票。

鄧肯目光堅毅地說：「那我們就去芝加哥。」

她們到達芝加哥時，正是大熱天的 6 月。她們隨身只帶了一隻小提箱和祖母的一些老式首飾，外加 25 美元。鄧肯盼望能立刻得到聘用，這樣一切事情便會十分順利和簡單。

但事實並非如此。她拜訪了一位又一位經理，向他們表演舞蹈，但他們都像最初的那位一樣，說：「好倒很好，只是不適宜舞臺演出。」

在一家職業介紹所，櫃檯上的女服務員問她：「你會幹什麼？」

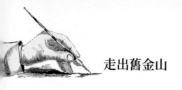

鄧肯準備飢不擇食了：「我什麼都會。」

「哼，依我看，你什麼都不會！」

鄧肯氣極了：「最沒用的人才給別人介紹職業。」這一次有力的反擊，讓她大大痛快了一回。

過了幾星期，她們的錢漸漸花光了，典押首飾也沒有弄到多少錢。後來，不可避免的事情終於發生了：她們付不出房租，行李全被扣留，再後來，她們被拒於門外，身無分文，只得流浪街頭。

鄧肯的外衣衣領上有一個小小的上等真絲花邊，在炎炎烈日下，她東奔西走，轉了一整天想賣掉它，總算在傍晚的時候把它脫了手，賣了10美元，足夠再租一間房子了。至於剩下的錢，鄧肯買了一箱番茄。

以後，她們整整一個星期靠吃番茄度日。由於吃不上鹽，虛弱的母親已經撐不住了。

幸運的是，共濟會教堂屋頂花園的經理最終看中了這個亭亭玉立的小女孩，但顯然，他並不喜歡孟德爾頌那些玩東西。

經理含一支大雪茄，帽子斜蓋在一隻眼睛上，用一種毫不在意的神氣，看著鄧肯說：「妳長得漂亮，姿勢也不錯，不過如果妳肯變一變，跳點富有刺激性的，我就馬上請妳。」

鄧肯不解地問：「怎樣才夠得上您所說的刺激呢？」

經理直言不諱：「得穿短裙，越短越好，修點小花邊，就像那種荷葉邊裙子，矇矇朧朧的。跳的時候，妳要轉動裙子花邊，甩開大腿，用腳踢踢。知道嗎？妳必須從那些貴族們發暈的眼神裡去撈錢，妳必須先把那些人的目光拉得直直的，才會看見白花花的銀子從那裡流出來⋯⋯」

「啊！要這樣啊？」

經理理解地說：「妳還小，我們不會強求妳。但看得出，妳太需要錢了。」

「嗯⋯⋯那我明天再來吧！」

接著，鄧肯就去準備花邊的裙子了。但是她已經沒有一點錢了，想預支薪水是不可能的，該怎麼辦呢？

她走到大街上，突然看見一家百貨公司。鄧肯直接面見了百貨公司的經理，並向經理解釋自己在明天上午需要一件帶有花邊的衣服，請求經理能夠賒給自己。

經理答應了鄧肯的請求，第二天晚上，鄧肯穿著新衣服去了那家劇院。鄧肯的表演令經理大喜過望，他的腰包也因此胖胖地鼓了起來。他預付了鄧肯 50 美元週薪，使她們母女倆不至於墜入地獄。

雖然倖免餓死，但這種違背自己的理想，只是取悅觀眾的事，鄧肯真不想再做了。她這樣做，是第一次，也是最後一次。到了週末，鄧肯還是堅決拒絕了續約的要求。

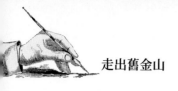

　　這一年的夏天是鄧肯一生中最為痛苦的時期之一。以後再到芝加哥的時候，每次看見大街，她就會感覺到飢餓、噁心。

　　但是，在這次可怕的經歷中，母親從來沒有提出要回家去。

　　恰在這時，有人介紹鄧肯結識了新聞記者安柏，她是芝加哥某報社的助理編輯，當時已經年過半百，但她以充沛的精力組織著一個「波希米亞人俱樂部」。

　　波希米亞民族因其熱情奔放、浪蕩不羈而成為詩人藝術家部落的代名詞。安柏便把鄧肯和她的母親邀請到「波希米亞俱樂部」去。

　　俱樂部只是一幢高大樓房頂部的幾間空蕩蕩的房間，裡面有幾張桌椅。盡是些與眾不同的人物，是鄧肯從未見過的。

　　安柏站在他們當中，用男人般的嗓子大聲喊道：「豪放的波希米亞人，一起來吧！豪放的波希米亞人，一起來吧！」

　　她每喊一聲，他們就舉起啤酒杯，用歡呼和歌唱來回答。

　　鄧肯很快就成了這個俱樂部最受歡迎的客人。那些藝術狂徒們歇斯底里的叫囂和不合常理的舉止雖然讓人側目，但他們對舞蹈的理解卻使鄧肯感到相見恨晚。

這是一群最奇特的人，詩人、戲子，各國的人都有。他們好像只有一點是共同的：都是身無分文。他們聚在這裡，找著一些點心和啤酒，而這些全是安柏編輯慷慨捐助的。

鄧肯美妙的形體、流暢的線條以及符合內心律動的節奏，牽扯出「波希米亞人」被劣質啤酒淹沒的宗教情緒，他們親切地稱鄧肯為「希臘小女孩」。

在這裡，鄧肯注意到了一雙深藍色的眼睛，總是穿越聒噪與混亂的迷霧，凝望著她。這種目光鄧肯已經不陌生了，她曾經在韋爾龍那裡體驗過。她知道，它之所以如此灼熱，是因為那裡面藏著一束愛情的火焰。

這火焰來自米羅斯基，他比鄧肯大 20 多歲，紅色的蓬鬆長髮，紅鬍子，但只有眼睛是湛藍的，大海般深不可測。鄧肯和他在一起，就像是在海邊玩耍，掬一汪海水，撒一把貝殼，好久沒有這樣隨意了。

米羅斯基狂熱地愛上了鄧肯，他也非常窮，不過常邀請鄧肯和母親到小飯館去用餐，或者帶著她們乘電車到鄉下樹林裡去野餐。他很喜歡野菊花，不管什麼時候來看鄧肯，總是抱一大堆野菊花。因此，以後一見金紅色的野菊花，鄧肯就會聯想起米羅斯基的紅頭髮和紅鬍子。

在郊外的一片林子裡，野餐後，米羅斯基抱了一大堆金黃色的菊花向鄧肯求婚。鄧肯對這個突如其來的儀式有些茫

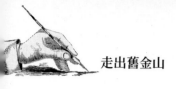

然，茫然之間，米羅斯基的吻就像惠特曼的詩句一樣鋪天蓋地而來。在心醉神迷中，鄧肯答應了這位大男人的求婚。

夏季過去，秋天到來，鄧肯母女並沒有在芝加哥找到她們的理想，於是她計劃著到紐約去。恰好此時，鄧肯在報上看到，著名的奧古斯丁‧戴利和他那個由艾達‧裡恩擔任明星的劇團正在芝加哥。她決定去見這位大人物，因為他享有美國最喜好藝術、最有審美能力的劇團經理的美譽。

接連好幾個下午和傍晚，鄧肯站在劇場通往後臺的門口，一次又一次將她的姓名通報給戴利，求他接見。但是人們告訴她，他太忙，只能讓她見他的助理。鄧肯堅絕不肯，說一定要見戴利本人，有十分重要的事情相告。

透過幾天的努力，終於在一個黃昏，這位著名人物終於傳出口信，願與鄧肯晤談，時間在 5 分鐘以內。

一走進戴利的辦公室，面對著這位令人望而生畏的著名人物，鄧肯二話沒說，把在心中醞釀了幾天的演講傾吐而出：

「戴利先生，我要告訴您一個偉大的主意，在全國中恐怕只有你能懂得：我發現了舞蹈，這種已經失傳了 2,000 年的藝術。

你是一位興趣高雅的舞臺藝術家，但您的舞臺上正缺少了這種東西，生命意識和悲劇精神。舞臺上沒有這種舞蹈，好似人之有頭有身，而無兩足，不能前行，我現在將這種舞蹈貢獻於您的面前。

　　我的想法，要改變整個時代的潮流。我從什麼地方發現了這種思想呢？是從太平洋的滾滾波濤裡，從內華達山脈起伏的松樹林中，我看見了年輕的美國在洛磯山之巔翩翩起舞的風姿。當我吟誦惠特曼的詩句在美洲歌唱的時候，舞蹈的靈魂就與我的身體合二為一。

　　我發現的舞蹈足以同惠特曼的詩媲美，可以說，我就是惠特曼精神上的女兒。我要替美國的兒女創造一種新的舞蹈，以表白美國的精神。我把你們舞臺上所缺乏的靈魂，特此貢獻於您，便是舞蹈的靈魂。

　　戲劇是從舞蹈中誕生的，第一個演員就是舞蹈演員。他載歌載舞，悲劇就是這樣誕生的。舞蹈演員原來那種偉大的藝術一天不返回劇院，您的劇院就一天不可能有真正的表演！」

　　這一番演講讓戴利對眼前的這位瘦削的女孩刮目相看，他說：「好吧，我們馬上要去紐約排演一部啞劇，有個小角色你可試試。妳叫什麼名字？」

　　鄧肯回答說：「我叫伊莎朵拉·鄧肯。」

　　戴利面對這個單瘦而古怪的女孩，很有興趣地說：「好吧，伊莎朵拉，很好聽的名字。嗯，我們 10 月 1 日在紐約相見吧！」

　　戴利的話無異於給身處絕境中的鄧肯開了一扇門，儘管這扇門很小，而且看不到門裡面的究竟，但畢竟是可以踮起

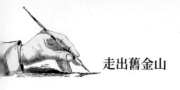

腳跟，滿懷希冀地望它一眼了。

鄧肯急急忙忙跑回家去告訴母親：「媽媽，到底有人賞識我了，鼎鼎大名的戴利先生僱用我啦！ 10 月 1 日以前咱們必須趕到紐約。」

母親發愁地說：「可是，用什麼買火車票呢？」

鄧肯不願放過這個千載難逢的機會，她急中生智，發了同樣的電報給舊金山的幾位朋友：

榮獲戴利先生之聘，10 月 1 日需抵紐約，火速電匯旅費 100 美元。

奇蹟發生了，居然有一個朋友真的寄錢來了！

同時，來的還有她的姐姐伊麗莎白和哥哥奧古斯丁。見了那份電報，他們都來投奔她。一家人都乘上火車，滿懷憧憬、高高興興地前往紐約。

米羅斯基這幾天一直不離鄧肯左右，他心想，倘若有一種偶然能讓鄧肯留下來，他不惜去做任何事情。

臨行前，鄧肯挽著米羅斯基的手臂說：「請相信我對你的承諾。如果我能在紐約打開新世界，對我們今後的日子會有好處。」

開始正式舞臺生涯

鄧肯一到紐約，她們住在一家旅店裡。而住在這旅店裡的，都是一些古怪的人。他們也好像那些「波希米亞俱樂部」的人一樣，有一點是共同的：都沒有錢付帳。

到了約見的日期，鄧肯一大早趕快去找戴利。

戴利有些疑慮地對她說：「好吧，目前我們聘請的啞劇的主角是來自巴黎的明星貞美，她對配角的要求相當嚴格，不知你能否勝任？妳懂得演啞劇嗎？」

鄧肯不顧一切地說：「我一定會盡力而為，請放心。」

雖不情願，但鄧肯除了接受這個角色外，別無他法。於是她把劇本帶回家去研究。整個作品在她看來非常愚蠢，與她的理想志趣很不相稱。

第一次排練就令鄧肯大失所望。不僅貞美的尖酸刻薄讓鄧肯無地自容，更主要的是，鄧肯向來就認為啞劇根本談不上藝術，她認為：動作是抒情的，是情緒的表白，與語言沒有什麼關係，但是啞劇裡，演劇的以動作代表語言，所以既沒有跳舞者的藝術，也沒有表演上的藝術，而是懸於兩者之中的一種貧瘠無聊的東西。

但為了生活，她強迫自己去排練那生硬呆板的一招一式，而內心無時無刻不在牴觸著它，這當然是不能進入狀態的。

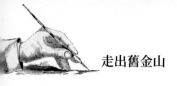

　　貞美是一個身材矮小、脾氣暴躁的女子，一遇到事就發火。她指導鄧肯說：「用手指著對方的時候，就表示『你』，而指著自己心口的時候，是表示『愛』，而用力拍打著自己胸部，則是表示『我自己』。」

　　鄧肯對這種表演毫無興趣，動作也就做得非常散漫，貞美大為惱火，幾番向戴利告狀，要求換人。

　　鄧肯也氣壞了，在彩排中，她故意將自己嘴上的紅唇膏弄到貞美的白臉蛋上。這還了得，大明星貞美旋風般地給了鄧肯一個耳光，還喊來了戴利。

　　鄧肯馬上想到全家都將流落在一家可怕的旅店裡，聽憑那個鐵石心腸的女店主擺布。她的腦海中又浮現出前一天見到個瘦小的合唱隊歌女被扣押了行李，攆到大街上的情景，同時又想起可憐的母親在芝加哥遭受的種種苦楚，不由得淚水奪眶而出，「簌簌」地沿著兩頰滾落下來。

　　戴利看到她那副悽慘可憐的模樣，一反往日的嚴厲，溫和地說：「她哭起來的表情多麼生動。她能學會的。」

　　戴利這句鼓勵的話，使堅強的鄧肯抹乾了淚水，重新投入了排練，一遍又一遍地重複那些庸俗無味的動作。而且排練越往下進行，鄧肯越欽佩貞美那異乎尋常、充滿活力的表情。

　　6週的試用期，鄧肯都沒有得到報酬。一家人從旅店裡被趕出來，在第180街租了兩間空房，裡面空無一物。

由於沒錢坐車，鄧肯每天從家裡步行走到第 29 街的劇院上班，為抄近路，她常常在泥土裡跑，在石路上走，或者是走過木堆。她一邊走，一邊留意著葉落和小鳥飛翔的姿態，她揣摩著來自大自然深處的舞蹈，用舞步打發這幾里的路程，驅趕疲倦，抵禦庸俗。

由於沒錢吃午飯，鄧肯便在午飯時躲在舞臺兩側的包廂裡，讀一本古羅馬詩人馬庫斯·奧列留斯的集子，然後睡午覺。她用白開水撐足自己的體力，又繼續參加下午的排練。

這樣練習了 6 個星期之後，啞劇才開演，在開演一星期後，鄧肯才拿到報酬。

公司在紐約演了 3 週之後，又到外省去巡迴表演。鄧肯每週的薪酬是 15 美元，除一半自用外，另一半寄給母親。每到一站的時候，鄧肯不是去住旅館，而是提著衣包到處去尋找極便宜的旅店。那時她每天的生活費限制在 50 美分以內，一切都包括在內。

鄧肯常常要走好遠的路才找得著便宜的旅店。一次，她住的房間門鎖不住，那裡的男客人喝醉了酒，瘋狂地想闖進她的房間來。鄧肯怕極了，把沉重的大衣櫃拽過來堵住了門。即使那樣，她也不敢上床睡覺，警戒地坐了一夜。這對尚未成年的鄧肯實在是個痛苦的經歷。

貞美是個不知疲倦的人，每天都召集排練，但總是不合

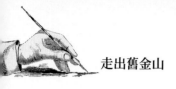

她的心意。鄧肯隨身帶了幾本書,不時翻閱。她每天都寫一封長信給米羅斯基,算是給自己的一點安慰。

這樣巡迴演出了兩個月,最後,全班人馬回到紐約。戴利不幸蝕了本,貞美也就回巴黎去了。

鄧肯又去見戴利,試圖吸引他對她的藝術發生興趣。但是,他一點也聽不進去,他說:「我打算派一個劇團出去表演《仲夏夜之夢》。如果你願意,可以在那個仙女場面裡跳舞。」

鄧肯主張舞蹈表現凡人的感覺和情緒,對仙境之類她一點不感興趣。不過,為生活所迫,她還是答應了。

《仲夏夜之夢》開演的時候,鄧肯穿的是一條白色和金黃色薄紗做成的直筒長裙,還插有一對金絲編成的翅膀。鄧肯對這副翅膀十分反感,覺得真是滑稽可笑。於是她對戴利說,不用假物她同樣能夠表現出翅膀來。但戴利固執得很。

那天晚上是鄧肯第一次單獨登臺表演舞蹈,她覺得非常高興。她終於一個人站在一個大舞臺上,在大批觀眾面前跳舞了。她跳得很好,觀眾不由自主地鼓起掌來。用他們的話來說,她「打響」了。

當鄧肯走進臺側,滿以為戴利先生會高高興興地過來向她祝賀,沒想到他勃然大怒,衝她大發雷霆:「這裡不是舞廳!」

可是觀眾好像不理睬他的叫嚷,依然為這個舞蹈鼓掌。

在紐約演了兩星期後，《仲夏夜之夢》也「上路」了，鄧肯又得恢復那種沉悶的旅行和尋找旅店的生活了。只是她的薪水已加到每週 25 美元。

一年就這樣過去了。鄧肯站穩了腳跟，但理想的破滅使她變得孤僻，在劇團中，誰也不和她講話，她也不和誰講話，只有泰坦尼婭王后的扮演者莫德·溫特算得上是一個朋友。

她長得很甜美，從來只吃柑子，不沾一點別的食物，她對鄧肯說：「唯獨我們兩個，是屬於另一個世界的人。」

但是不久，溫特即死於惡性貧血病，去了另一個世界，這個世界就只剩下孤獨的鄧肯了。

不與人交往，反而讓鄧肯忐忑的心舒坦一些，平靜一些，大度一些。在讀書中，她迷上了斯多噶派，倒不是去扼制自己的慾望，而是找到了一條溝通自我的道路。她不再計較別人眼中的「自己」，那是別人的；她看重的是能否堅持我自己的「自己」，這才是真正的我。

巡迴演出到了芝加哥，鄧肯又見到了米羅斯基，他們長時間地在郊外的森林裡散步，正當鄧肯提出要和米羅斯基成婚時，米羅斯基吞吞吐吐地告訴她：他在倫敦有自己的家庭。

鄧肯驚愕萬分。但她冷靜下來之後，感謝米羅斯基沒有欺騙她，而後隨劇團回了紐約。

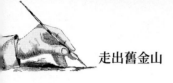

鄧肯的努力，改變了全家的經濟狀況。哥哥奧古斯丁也加入了一家劇團，另一個哥哥雷蒙德當上了一家報館的通訊員，姐姐伊麗莎白則辦了一所舞蹈學校。情況的發展似乎有點時來運轉的味道。

在這兩年之中，鄧肯一家人在紐約租了一間藝術室，帶有一間浴室。這間藝術室中沒有任何家具，只有 5 個彈簧墊子。他們把四面的牆上都掛上簾布，白天把墊子豎在牆邊，晚上就睡在墊子上。

姐姐就在這間藝術室裡教她的學生，而哥哥奧古斯丁也不常在家。雷蒙德也是一樣，經常在外面採訪。為了減輕負擔，他們把房子也租給教演說、音樂或唱歌的人，租金以鐘點論價。

由於只有一間房，當出租的時候，一家人只好都到外面去散步。他們曾在中央公園的雪地裡跑來跑去，以便使身體暖和一些，然後再走回來，站在門外諦聽。

此時，戴利的劇團頻頻虧本，入不敷出。為了賺錢，他請了一班人，組成四人合唱團，併力邀鄧肯參加。

鄧肯缺乏唱歌的天賦，她總是張著嘴巴，美滋滋地站在那裡，其實一聲也不吭。

不久，戴利唆使演員在舞臺上進行藝技表演，鄧肯忍無可忍，鼓起勇氣向戴利提交了辭職書，她又成了個體戶。

她惆悵地走在街上，優雅而沉鬱。忽然，一陣樂曲飄入她的耳畔，多麼契合她此刻的心情啊：

> 年輕的拉吉蘇斯……
> 寂寞地站在小溪邊，顧影自憐，他不能在人群中找到自己，他只能在水中找到自己，清純，單薄，充滿神韻。
> 他躍入溪流，他沉浸在音樂的波光之中，成了一朵水仙花。

這就是美國鋼琴家、作曲家埃斯爾伯特‧雷文的音樂《拉吉蘇斯》。鄧肯跑回工作室，馬上編排了舞蹈《拉吉蘇斯》。

一天，鄧肯正在工作室裡練功的時候，門忽地開了，沖進來一位青年人，他眼色發狂，怒聲沖鄧肯斷喝：「聽說妳用我的樂曲跳舞，我不准，我不准！我的音樂可不是舞蹈音樂，誰也不許用它來跳舞！」

原來，他就是《拉吉蘇斯》樂曲的作者雷文。雷文是那個時代最傑出的音樂天才，人們永遠迷醉於他那富於生命幻滅感的旋律。他來找鄧肯的時候，已身染頑疾。

鄧肯溫柔地望著他，無形中消解了他心頭的火氣。她牽著雷文的手，把他領到房裡僅有的一張椅子旁：「請坐下來，我要用您的曲子跳個舞。如果您不滿意，我就發誓以後絕不再跳舞。要是您覺得還不錯，那麼，請您拋棄對舞蹈的偏見。」

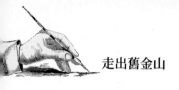

於是，鄧肯按著雷文的「拉吉蘇斯」跳了起來。在雷文的眼前，身穿白色舞衣的鄧肯彷彿化成拉吉蘇斯在水邊卓然而立。他站在小溪旁看著看著，終於對自己的影子發生了愛戀，最後衰竭而死，成了一朵水仙花。

雷文感覺，鄧肯的每一個動作，都源於她內心真摯的情感；自己音樂中的精神，彷彿清澈的溪水在這個女孩的舞姿中流淌。她的每一個動作，都迎合著自己音樂中的韻律，將自己藏於音樂中的情感完全地闡發了出來，化為優美的形體語言。

鄧肯的最後一個動作還沒有做完，雷文已經從椅子那邊衝了過來。他一把抱住鄧肯的肩膀：「妳真是個歌舞女神。我創作這個樂曲的時候，心目中所看到的恰恰就是妳表現的形象。」

雷文久久地凝視著鄧肯，纖細的手指在她的髮間撫弄。突然，他坐到了鋼琴邊上，手指急不可耐地按起了琴鍵。

鄧肯也隨著音樂跳了起來：泉水叮咚，花開百樹；茂林修竹，鸝雀千囀。懸在枝頭的太陽，是這個季節唯一的果實，飛翔的女神捧著它，冉冉升騰。

雷文心情激動地說：「這是我專門送給妳的即興演奏曲，妳給它取個名字吧！」

鄧肯衝口而出：「謝謝你。我看，就叫它《春天》。」

　　雷文決定借助他的威望和影響，讓鄧肯的舞蹈走向觀眾。他親自籌備，預訂會場，設計海報等，每天晚上和鄧肯一起排演。

　　鄧肯在卡內基會堂的小音樂室連續幾場演出，都獲得成功，在紐約轟動一時。雷文的伴奏使許多號稱「專家」、「權威」的那一類人也對鄧肯刮目相看。

　　從此，紐約城中許多有名望的婦女，開始邀請她到她們家中跳舞，那個夏季，愛斯特夫人請鄧肯到她紐坡特的別墅去跳舞。那裡是時髦的消夏勝地，而愛斯特夫人在美國的地位比英國的女王還要令人恐懼敬畏些。

　　她安排鄧肯在她的草坪上演出。新港最有身價的人物就在草坪上看鄧肯跳舞。鄧肯一直保存著這次演出的一幅相片。在這張相片上，德高望重的愛斯特夫人坐在亨利·萊爾身邊，范德比爾特、貝爾蒙特和菲什等幾個家族坐成幾排，圍繞著她。

　　當時聚集在愛斯特夫人周圍的，都是紐坡特最高貴難見的人物，鄧肯因此結交了不少社交界的名媛大亨。鄧肯開始到一些貴族沙龍和別墅裡演出，儘管他們給的報酬少得連盤纏和膳食費都不夠，但只要有人欣賞，有人喝彩，鄧肯就會賣力地跳，不停地跳。

　　舞有人看，可看的人不懂。他們的掌聲盲目而空洞，在

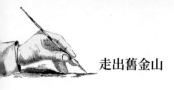

這些高貴人眼中，演藝家的地位是相當低下的，這些藝人們只被看為高等一些的僕人罷了。而他們欣賞藝術的耐性更是少得可憐，他們的目光裡蓄滿了無聊和淫邪。

鄧肯受不了。她知道，紐約如此，美國是待不下去了，她對這種生活很是失望的，她極想追尋一種比現在更適合的環境。

由於這時伊麗莎白的學校較以前更發達了，於是全家一起由加列基廳搬到了溫莎旅館底層的兩個大房間，每週租金90美元。

伊麗莎白的學校雖然挺熱鬧，但她收的都是些交不起學費的窮孩子。旅館記帳單上的數字越來越大。

冬天的晚上，鄧肯和伊麗莎白坐在火爐旁，盤算著怎樣弄一筆足夠的錢來還帳。算來算去，都無計可施。鄧肯「呼」地站起來，大聲喊道：「唯一的出路，就是一把火將這旅館燒光。」

伊麗莎白趕忙按下妹妹，她已嚇得臉色煞白，四顧無人，才稍稍安下心來。

奇怪的是，第二天下午，旅館真的失火了，化為一片灰燼。鄧肯去沙龍表演了，伊麗莎白鎮定自若，英勇地把她那些舞蹈學校裡的學生搶救了出來，領著她們手牽手逃出那棟樓。

等鄧肯回來時，整座旅館，包括他們的全部家當，付之一炬，其中包括十分珍惜的家庭照片。他們在同一條街上白金漢旅館的一個房間裡暫棲一時。幾天後，和初來紐約時一樣，不名一文了。

鄧肯把這場大火看作命運對她的一個暗示：離開紐約，離開美國，到久已嚮往的歐洲去，到那個有著悠久歷史與輝煌文化的地方去，到那裡去尋找理解自己藝術的人們。她對母親和姐姐說：「這就是命運。我們必須去倫敦。」

伊麗莎白說：「妳是外交大使，你去弄船票吧！」

鄧肯又一次走在 59 號街上了。街尾的一幢大廈裡住著一位闊太太，鄧肯想：「她曾經盛讚過我的舞姿優美，應該會伸出援手的。」

闊太太真的痛快地給了鄧肯一張支票。鄧肯感動得流下了熱淚，與她擁抱作別。可是，當她走到 5 號街時，她想起要看一下這張支票的數額，才發覺上面只填了 50 美元。天哪！

她只好再到 5 號街的另一位貴婦人處碰一回運氣。在這裡，她受到了奚落。貴婦人振振有詞地教訓鄧肯，當初如果鄧肯學的是芭蕾舞，她對這個請求的看法也許會兩樣，而且她曾聽說有個芭蕾舞演員發了財呢！

鄧肯懇切地說：「太太，我總有一天會揚名立萬的，您也許將因為對我的賞識而美名遠颺。」

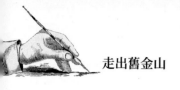

「也許？我的詞典裡從來沒有這個詞。只有錢，才是實實在在的，給人舒適和幸福。」

「您有錢，您還應該去幫助別人，也是一件很幸福的事情，不信，您試試。」

這個擁有 6,000 萬美元財產的太太的岩石般的心，被鄧肯的真誠稍稍挪動了一下。她也開給鄧肯一張 50 美元的支票，並附上一句：「妳賺到了錢，就要還給我。」

鄧肯走出大門，憤憤地對著裡面喊道：「我寧願送給窮人，也不會還給妳！」

東求西討，湊足了 300 美元，仍然不夠。這時，全家只剩下 4 個人了。奧古斯丁有一次跟一個小劇團去巡迴演出，扮演羅密歐，愛上了扮演朱麗葉的一個 16 歲的女孩。

一天，他回家來宣布了自己的婚事。

這件事被家人看作背叛行為。鄧肯夫人大為惱火，跟鄧肯第一次看到父親時一樣，走進另一個房間，「砰」的一聲把門關上。伊麗莎白用沉默來回答，而雷蒙德簡直大聲怒吼。

對奧古斯丁稍稍有點同情的只有鄧肯。她願意與他一起去看望他的妻子。他把她領到小街上一座陰暗的公寓裡，爬了五層樓，走進一個房間，看到了「朱麗葉」。她容貌秀麗，身體虛弱，好像有病似的。他們悄悄告訴鄧肯，她已經懷孕了。

這樣一來，去倫敦的計劃勢必要把奧古斯丁排除在外了。全家把他看作旅途中掉隊的人，不配跟他們一道去追求遠大前程。

但是，要是指望到達倫敦之後多少還剩點錢的話，這筆錢連買普通輪船的二等艙票也不夠。

幸虧雷蒙德出了個好主意。他在各個碼頭附近兜了一圈，終於找到了一艘運牲口到赫爾的小船。船長被雷蒙德的訴說感動，答應把他們當作旅客帶走，雖然這樣做是違反船上規章制度的。鄧肯和她的家人為了不讓臉面丟盡，他們在船上都不叫各自的真實姓名。

眼見兩三百頭可憐的牲畜從美國中西部平原運到倫敦，在貨艙裡掙扎著，日夜相互用角牴觸，用最令人哀憐的聲音號叫。這種情景深深地印入他們的腦海。雷蒙德從此成了一名素食者。

這一年，是 19 世紀的最後一年，1899 年。

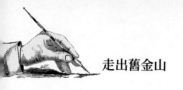走出舊金山

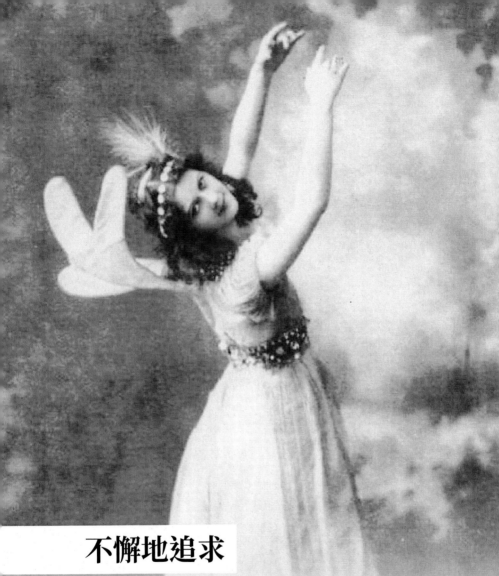

不懈地追求

我並沒有創造出自己的舞蹈，它已先我而存在。但它休眠著，我只不過發現了它，並將它喚醒。

———鄧肯

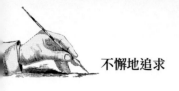

離開美國來到倫敦

鄧肯下定決心趕往歐洲,她把第一站定在倫敦。

鄧肯一直嚮往著倫敦,嚮往著在那邊可能遇到的作家和畫家,喬治·梅雷迪克、亨利·詹姆斯、斯溫伯恩、伯恩·瓊斯、惠斯勒等,這些名字多麼富有魅力。而在紐約的全部經歷中,鄧肯沒有發現任何人對她的理想表示認同和贊助。

1900 年 5 月 27 日,鄧肯全家從赫爾坐火車到達倫敦。

她長大了,面對這座歷史悠久的大都會,她非常高興和新奇。鄧肯深深地吸了一口氣,說:「我要在此獲得新生。」

初到倫敦的頭幾天,他們乘坐公共馬車到處遊逛,心裡有說不出的欣喜,對周圍的一切都感到新奇悅目,忘記了剩下的錢已為數不多。

他們在西敏寺、大英博物館、南肯辛頓博物館、倫敦塔等地玩了好久,又參觀了國立植物園、里奇蒙公園和漢普頓宮,然後興奮而又疲憊地回到小旅館。

活像是有闊綽的父親從美國匯大宗款子來的觀光者。幾星期後,旅店主婦怒氣衝衝來索帳,才把他們從遊覽夢中驚醒過來。

一家四口最後被旅店主婦趕了出來,他們在倫敦舉目無親,甚至晚上沒有歇宿之處,只好在街上流浪,試了兩三家旅館,但店主看到他們沒有行李,堅持要預付房租。他們又

試了兩三家供夜舖位的房屋，那些房東太太都表現出同樣的冷酷無情。最後，他們只好去跟格林公園裡的長凳打交道，然而來了個惡狠狠的警察，喝令他們滾蛋。

在這種處境下，鄧肯還是將一天的大部分時間拋擲在大英博物館、庫柏學院等地。

雷蒙德笑著問：「餓著肚子讀書是什麼滋味？」

鄧肯回答說：「你要真在讀書，是感覺不到肚子餓的，讀書才真是抵禦飢餓的最好辦法。一個失業而又不失學的人，會有大出息的。」

一次，當鄧肯讀溫克爾曼的《雅典旅行記》時，根本忘卻了自己的處境而哭了起來。她不是為自己的不幸，而是為溫克爾曼從他所熱衷的探險歸來後不幸身亡而失聲痛哭。

這種情況持續到了第四天，無論如何維持不下去了。鄧肯漫無目的地到處遊逛。在這片陌生的土地上，她只有這樣碰碰運氣了。她讓母親、雷蒙德和伊麗莎白一聲不吭地跟著她走，大模大樣地跨進倫敦一家最豪華的旅館。叫醒了半睡半醒的夜班侍者，說他們剛乘夜班火車來到這裡，行李即將從利物浦運來，快給他們開幾個房間，並且把早點送上樓來。

那天，他們在舒適的床上睡了一整天，還不時地給樓下的侍者打電話，厲聲指責行李怎麼還沒運到。晚上他們就在房間裡吃飯。

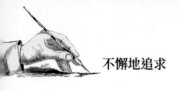

第二天拂曉，他們感覺這個把戲必須結束了，就像來時那樣，大模大樣地走出了旅館。當然這次沒叫醒那位夜班侍者。

走到街上，鄧肯感到神清氣爽，完全可以再次應付後面的日子了。一直走到了切爾西老教堂的墓地裡。鄧肯心裡不禁一驚：「上帝是怎麼安排的？一切都還沒有開始呵。不會，不會的，上帝是想試探我生存的勇氣。我不怕。」

正胡思亂想著，鄧肯低頭看到了地上的一張破報紙。她俯身拾起，看到報紙上有一張熟悉的貴婦人的照片。她仔細一瞧，她肯定，以前在紐約時，曾在她家裡跳過舞。

鄧肯讀到旁邊的報導說：美國某夫人在格羅夫納廣場買了一幢房子，將在那裡大宴賓客。

鄧肯於是靈機一動：「你們在這裡等著！」然後馬上登門拜訪這位夫人，她不費力氣就找到了格羅夫納廣場那位夫人的家。

那位夫人還認得她，見面十分友好。鄧肯應允在星期五晚上的宴會上來跳幾段舞，同時婉轉地暗示，要能如約前來，稍許預支一筆錢是不可少的。那位夫人立即簽了一張10英鎊的支票。

鄧肯拿著這張支票，徑直奔回切爾西墓地。

到了那裡，她對大家說：「星期五晚上我要到格羅夫納廣

場一位夫人家去表演舞蹈，威爾斯親王可能蒞臨。我們肯定要交好運了！」說著，她把支票拿出來給他們看。

雷蒙德說：「我們得拿這筆錢去找一間工作室，預付一個月房租，再也不能忍受那些卑下的房東太太的凌辱了。」

於是他們去找工作室，並在切爾西的國王路附近租到了一小間。那天晚上他們就睡在那裡，雖然沒有床鋪，睡在地板上，可是大家覺得又像藝術家那樣地生活了。他們付了工作室的房租，又用多餘下來的錢買了些罐頭食品作為儲備糧食。

鄧肯在商店裡買了幾米薄紗，她得精心為自己設計服裝。雖然，鄧肯受母親的影響，從不濃妝豔抹，但穿著乞丐的衣服去王公貴族的沙龍裡跳舞總是不妥當的，得給夫人一點面子吧！

星期五晚上，英國王太子威爾斯親王果然也來了。

鄧肯首先跳的是雷文的《拉吉蘇斯》，母親伴奏，伊麗莎白朗誦，雷蒙德則在演出前作了一個簡短的講演，是有關舞蹈和它在未來人類心理上可能產生的作用的。

聽的人似懂非懂，卻大大增添了宴會的熱鬧氣氛。

鄧肯接著又跳了雷文的《奧菲莉亞》。人們交頭接耳地說：「這孩子從哪裡學來這樣悲哀的表情？」

晚會結束的時候，鄧肯跳了孟德爾頌的《春之歌》。

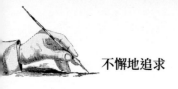

在這次倫敦名流雲集的宴會上，鄧肯赤著腳，身披薄紗，翩翩起舞，給在座的客人們留下了極深的印象。

鄧肯一跳走紅，從此，她開始接到許多請帖，請她到那些社會名流家裡跳舞。英國人有他們特別的地方，他們絕對是世界上最講禮貌的民族，英國人都是紳士淑女，然而，她們卻十分小氣。

鄧肯跳一天舞，有時一分錢都得不到，甚至連飯也吃不上。那些女主人還時常眼紅她：「您將要在公爵夫人或伯爵夫人面前跳舞。這麼多的顯貴看您跳舞，您的名字在倫敦將會紅得發紫！」

鄧肯面對著肉山酒海的盛宴，她卻要忍受著飢餓，強顏歡笑，跳著她心愛的舞蹈。

有一次，鄧肯在一個慈善募捐演出會上連續跳了 4 個鐘頭。所得的報酬只是一位有爵位的夫人親自給她倒茶，並且給她草莓吃，可是她好幾天沒有填滿肚子，草莓加上奶油吃下去真是難受得要死。

就在這時，一位夫人舉起一個裝滿金幣的錢包對她說：「瞧，您替我們盲女院募到了這麼多的錢！」

鄧肯有氣無力地說：「你們太殘忍了。」

為了省下錢來穿得體面，裝出發跡的樣子，他們連應該吃的東西都捨不得吃。他們在工作室裡添置了幾張吊床，還

租了一架鋼琴，不過大部分時間都消磨在大英博物館裡。在那裡，雷蒙德給所有的希臘花瓶和浮雕通通畫了素描，而鄧肯則思索著如何用舞蹈來表達。

倫敦的美麗使他們著了迷。鄧肯在美國從沒機會見識的各種文化美和建築美，在這裡她可以盡情地欣賞。

7月。鄧肯收到了一封芝加哥朋友的來信，信中主要講了米羅斯基的事。他志願參加了對西班牙作戰，隨軍前往佛羅里達，在那裡患風寒去世了。

鄧肯這一晚通宵未眠，她與米羅斯基徹底分離了。她的心中沒有悲傷，反而對自己堅強的個性充滿了一種奇特的優越感。應該說，從這一晚起，鄧肯也告別了自己的少女時代。

伊麗莎白本來與她從前在紐約的一些學生的母親保持著通信，現在有一個家長寄了一張支票來，希望伊麗莎白回到美國，繼續教她的孩子。

於是，伊麗莎白決定接受這份邀請，回美國辦舞蹈學校去。她說：「如果我賺了錢，就可以寄些給你們。不久伊莎朵拉一定能夠又有名又有錢，那我馬上就可以回來跟你們團聚了。」

鄧肯馬上跑到街上，在百貨店裡買了一件暖和的旅行外套給姐姐，最後家人送她上了郵船。剩下的3個人回到家裡，以後幾天都跟掉了魂似的。

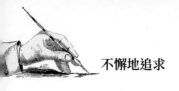
送走溫柔熱鬧的伊麗莎白，鄧肯和哥哥、母親迎來了冷寂蕭條的 10 月。倫敦的濃霧滿載著煩悶，重重地籠罩在這心情壓抑的一家三口心頭。

天天喝廉價的羹湯也許已使他們患了貧血症。連大英博物館也失去了它的魅力，有好些日子他們甚至沒有勇氣出門。裹著毛毯，坐在工作室裡，用一塊塊紙板在臨時湊合的棋盤上下跳棋。

伊麗莎白回到紐約後，在第 5 號街的柏金漢旅館開了一所學校，一切都很順利，不久就給鄧肯他們寄了一筆錢來，這總算解了一家人的燃眉之急。

鄧肯咬著牙對自己說：「不能這樣下去了！只有自己才能救自己。」

一個深秋之夜，鄧肯對雷蒙德說：「走，我們到公園跳舞去，老躺在床上，都快成植物人了。」

舞跳得很盡興，雖然沒有觀眾，沒有掌聲，但場地闊大，草木殷殷，晶瑩的露珠兒像無數溜圓的眼睛，默默地品味著這場舞蹈。

當然，不止是草木和露珠，一個頭戴大黑帽、非常美麗的婦人在一叢灌木後面看了許久，走出來問鄧肯：「妳們來自哪裡呀？」

鄧肯停下來，開玩笑說：「我們是從天上掉下來的。」

「哦，是嗎？那你們願不願意到一個地方去？」

「哪裡？」

「我家裡。」

原來，這位就是倫敦極有名的帕特利克‧坎貝爾夫人。鄧肯兄妹倆就這樣來到了坎貝爾夫人家中，她的家就在附近，他們跟她到了那裡。房間裡懸掛著伯恩‧瓊斯、羅塞蒂、威廉‧莫里斯等著名畫家給她畫的肖像。

坎貝爾夫人極欣賞鄧肯的舞蹈，還把鄧肯介紹給了溫得漢夫人。

溫得漢夫人也在她家裡熱情地接待了鄧肯，並安排她某晚在宴會中跳舞。而鄧肯生平第一次在爐火前品嘗英國式的下午茶。如果說鄧肯過去已被倫敦吸引，那此刻她已熱切地愛上了它。屋子裡有一種迷人的氣氛：寧靜、舒適、高雅和安閒。她感到如魚得水，那美妙的藏書室也引起她極大的興趣。

那晚，差不多全倫敦的藝術家和文人都到了。在這次宴會上，鄧肯的舞蹈頗為成功，獲得了許多人的讚賞。

宴會非常活躍，大家一起唱古老的英國歌曲，一起朗誦白朗寧的詩歌，一起評論威廉‧莫里斯的畫。這是一個重大的轉折，並非僅僅得到了一個人的賞識，而是借此為契機，鄧肯結識了一大批具有卓異藝術特質的人物，他們對鄧肯今後的影響是不可忽視的。

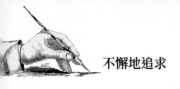

關係最密切的是年近 50 歲的畫家查爾斯‧哈萊，他的父親是英國著名的鋼琴家，哈萊那希臘式的大鼻樑、優美如五線譜的嘴唇極富魅力。他年輕時是美國著名女演員瑪麗‧安德森的摯友，因而他對藝術各門類均通達、融匯，無滯無礙。

哈萊當時是倫敦現代圖書陳列館的董事之一，他常常邀請他的好友們來他主持的新美術館發表演講，如畫家里奇蒙講舞蹈和繪畫的關係，安德魯‧蘭講舞蹈和希臘神話的關係，作曲家赫伯特談舞蹈與音樂的關係等，這些演講幾乎全是為鄧肯一個人準備的。

他把瑪麗在《科里蘭納斯》裡扮演維吉利亞時穿過的舞衣拿出來給鄧肯看。這件舞衣，他當作神聖的紀念品珍藏著。此後，他們的友情越來越深，鄧肯幾乎每個下午都想方設法到他的工作室裡去。

他給她談了許多有關文藝界的事情。在他的工作室裡，鄧肯度過了許多非常有趣的時光。她多少懂得了一些大師們的藝術，部分原因是透過這位逗人喜歡的藝術家得來的。

哈萊還把鄧肯介紹給了這些藝術界的許多朋友。

為了回報，鄧肯就繞著噴泉和棕櫚樹跳舞，在她的舞蹈裡顯示繪畫的精髓、音樂的靈性與文學的氣韻。

倫敦的報紙對這次跳舞作了很熱情的報導，使得鄧肯贏得了上流社會的尊重，也成了倫敦的名人。此後差不多倫敦

的每個名人都請鄧肯去喝茶吃飯。

有一天下午，在羅雷夫人的屋子裡圍著許多觀眾觀看鄧肯的舞蹈，他們介紹鄧肯會見了英王太子，後來又引她見了愛德華國王。連愛德華國王和威爾斯親王都對她讚不絕口，說她是一個格芙斯柏拉的美女。

這一稱讚更增加了一般倫敦社會對鄧肯的狂熱。她取得了曾經看來是夢幻般的成功。鄧肯的運氣越來越好。她在沃裡克廣場上租了一大間工作室。每天探索在國家美術館看見的義大利藝術品影響下產生和新發現的靈感。

鄧肯的另一位好朋友是剛滿 20 歲的青年詩人道格拉斯·安斯利。

安斯利是斯梯華皇族某支派的後裔，剛從牛津大學畢業，熱情洋溢，似乎讀詩比寫詩更棒。安斯利有一雙吸引人的眼睛。他常常到鄧肯家所在的工作室去，給鄧肯朗誦詩作。

鄧肯經常不由自主地隨著安斯利那柔和的嗓音進入到斯溫柏恩、濟慈、王爾德、葉芝們的境界。每當她心醉神迷，安斯利就俯下身來，輕輕地吻著鄧肯的前額，像吻一個美麗的天使。

除了跳舞，鄧肯的業餘時間就被這一老一少占據著，要麼聽詩人朗誦詩歌，要麼偕畫家出去散步。他們都是真正的朋友。

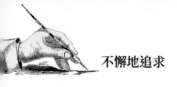

　　哈萊和尚未出嫁的妹妹一起，住在一幢古老的小房子裡。哈萊小姐待鄧肯也很和善，時常請她吃便飯，於是他們3個人待在一起了。鄧肯初次去看亨利·歐文爵士和女演員戴姆·艾琳·泰瑞，也是和他們一起去的。

　　亨利·歐文是舞臺世家的頭號人物，19世紀末英國舞臺上的主角。他生於1838年，因其戲劇表演獨具一格，深受觀眾歡迎，使他成為英國第一位獲得爵士封號的演員。

　　鄧肯第一次看歐文爵士的演出是他演的《鐘》，那偉大的藝術激起她內心的熱情和敬佩，使她陶醉在它的影響下，整整幾個星期不能安睡。至於戴姆·艾琳·泰瑞，她始終是鄧肯一生的偶像。

　　鄧肯在他們中間感到非常快樂，可心裡卻不十分愜意，因為，她的舞蹈雖然獲得了詩人、畫家們的狂熱讚賞，但所有的劇場經理都無動於衷。

　　許多出名藝術家的激賞使這些戲院經理堅信：鄧肯的舞蹈過於超然，過於藝術化，不適合於劇院這種上演粗淺物質化藝術的地方。

　　這樣一來，就使得鄧肯的藝術無法面對大眾。因此，鄧肯在這一時期享有盛譽的同時，也在忍受著貧困，他們家的生活，仍然常常是入不敷出的。

　　鄧肯決心要去尋找更加適合於她的舞蹈藝術的土壤。她想到了「歐洲之都」巴黎。

暢遊巴黎藝術海洋

　　早在鄧肯趕往巴黎之前，哥哥雷蒙德由於不甘於倫敦這種平淡的生活，告別母親和妹妹到了巴黎。

　　鄧肯兄妹 4 人的性格，都受到母親的影響。鄧肯的母親是個極偉大的女人。在她身上集結了堅強、開朗、善良、真誠等優秀品質。她一直教育自己的孩子：「要讓自己的生命充滿藝術的光彩。」

　　雷蒙德到達巴黎之後，深深地被這裡濃厚的藝術氣氛所陶醉，到了春天，他接二連三拍地電報，催促她們去巴黎。於是，鄧肯和母親收拾了行裝，登上了橫渡英吉利海峽的渡輪。

　　鄧肯幾乎和 20 世紀一起來到了巴黎。離開大霧迷濛的倫敦，到達瑟堡，正是明媚春天的早晨。在她們看來，法國就像一座大花園。從瑟堡到巴黎的路上，她們一直把頭探出三等車廂的窗口，向外眺望。

　　雷蒙德在車站上迎接她們。他留著披到耳邊的長髮，穿著一件翻領上衣，繫著飄垂的領帶。她們對他改變的裝束有些看不慣，他解釋說這是他所居住的「拉丁區」裡的時髦服裝。

　　他領她們到他的住所，碰到一個女店員正從他那裡跑下樓來。他拿出一瓶據他說價值 30 生丁的紅葡萄酒來款待母親和妹妹。

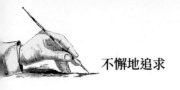
　　剛到巴黎，鄧肯什麼都覺得新奇。她每天早晨5時起床，到盧森堡花園裡去練舞，然後在巴黎到處逛，一走就是好幾公里路，並且在羅浮宮裡一泡就是好幾個小時。

　　他們在希臘花瓶陳列室裡待的時間太長，以致管理員對他們起了疑心。鄧肯用手勢告訴他，自己到巴黎來只是為了跳舞。管理員斷定這幾個「怪人」是沒有危險的，也就隨他們便了。

　　美神維納斯沒有輕盈若飛的作態，沉秀溫潤，形體的呈現象海邊迎風曼舞的林木，婀娜多姿，美而不豔。

　　還有那些舞蹈，沒有一點扭曲、誇張的表演，每個動作都顯示出一種內在的律動，一種血脈的傳承，有如生命自然的過程，熱烈和繁榮，凋謝與萎落，生長與死亡，都蘊蓄在寧靜平和之中。

　　鄧肯面對著這些舞蹈，彷彿回到了兒時，好像正在舊金山唐人街看中國刺繡和古瓷上的花草一樣，身心中體會到一股鮮活的力量。

　　他們天天到羅浮宮去，直到關門的時候才依依不捨地離開。雖然沒有錢，在巴黎又沒有朋友，好在他們一無所求，羅浮宮就是他們的樂園。

　　雷蒙德擅長鉛筆畫，不多幾個月就把羅浮宮裡的希臘花瓶都臨摹完了。但後來人們把雷蒙德所畫的伊莎朵拉的裸體

跳舞像誤認為是希臘花瓶上的圖案。

在巴黎聖母院和凱旋門，鄧肯靜下心來研究那些群像與雕塑。她從中總結出：

> 任何雕刻，無論是動態的還是靜態的，無論浮雕還是圓雕，都是舞蹈某一瞬間的凝固，都展現了舞蹈的一個剖面。

有一天，鄧肯在歌劇院，聽到一群人指著維納斯雕像議論紛紛：「她怎麼會沒有手臂呢？這是一個美麗的怪物。」

鄧肯憤然回頭，喝斥道：「這也不懂！這不是人體，這是藝術，不過是一種象徵，對於人生理想的一種設想。」

一天早晨，查爾斯・哈萊突然來到巴黎，他與鄧肯一起在凡爾賽花園或聖日耳曼森林裡漫步，一造成埃菲爾鐵塔邊的餐館用餐，一起觀賞日本舞蹈家貞八重子的表演。

鄧肯由此結識了哈萊的侄兒羅夫拉，他是一個 25 歲的年輕人，一副玩世不恭的態度，但他學識淵博，對美術、音樂、建築無不通曉。他遵守叔叔臨走時的囑託，把鄧肯照顧得很周到，像一位無微不至的大哥哥。

羅夫拉為鄧肯講述法國藝術，向她介紹哥德式建築，並教她如何欣賞路易十三、十四、十五、十六等時代的藝術。

在鄧肯的工作室裡，母親重振旗鼓，像孩子們童年時代一樣，接連幾小時地演奏蕭邦、舒曼和貝多芬的樂曲。工作

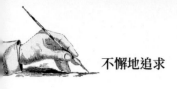

室不帶臥室，也沒有浴室。他們也沒有床，晚上把床墊放在竹木箱上，在上面睡覺。

有一天，羅夫拉帶了兩位摯友到鄧肯的住處來，把他們介紹給鄧肯：「這兩位是雅克·布尼和安德烈·博尼亞。」

幾個年輕人很快就成了無話不談的好朋友。鄧肯為他們跳了幾段舞，很得他們的讚賞。那次之後，布尼便讓他的母親邀請鄧肯去他們家跳舞，以款待朋友。

布尼的父親是著名的雕塑家，母親德·聖馬塞夫人的沙龍是全巴黎最藝術、最時髦的沙龍之一，在巴黎很有號召力。

首演的夜晚來到了。整個過程中，觀眾的親切熱情使鄧肯受寵若驚。往往不等一場舞跳完，他們就喊了起來：「妙，妙！她跳得多妙！了不起的孩子！」

第一支舞剛跳完，一個目光銳利、身材高大的男人便站起來把她抱住。

他問道：「小女孩，你叫什麼名字？」

「伊莎朵拉。」

「小名呢？」

「小時候他們叫我多麗塔。」

「喔，多麗塔，妳真可愛！」他嚷著，吻了鄧肯的雙眼、雙頰和嘴唇。接著，聖馬塞夫人拉著她的手說：「剛才那位就

是大名鼎鼎的薩杜。」

薩杜是法國一位享有世界聲譽的劇作家，1877 年被選為法蘭西學院院士。

實際上，在座的都是巴黎數一數二的人物。在這裡，鄧肯結識了許多著名人士，如作曲家梅薩杰、劇作家薩杜等。而他們也欣賞到了鄧肯別開生面、令人心曠神怡的舞蹈，一些敏感的人士已經察覺到了舞蹈藝術革命的火花。

鄧肯發現自己竟然對她 3 個朋友中的一個產生了奇妙的感情。這個小夥子既不是體貼解人的羅夫拉，也不是一表人才的布尼，而是外表平平、個子矮小、蒼白的面龐上還戴著一副眼鏡的詩人博尼亞。

博尼亞的眼睛在厚厚的鏡片後面瞇成了一條縫，但他極富智慧與才華。他教鄧肯了解了法蘭西最優秀的文學作品，他也常常靜坐聆聽鄧肯對他演說關於跳舞的見解。

通常他為鄧肯朗讀兩三個鐘頭，接著他們就坐在塞納河上的公共馬車的上層到城島去，凝視著月光下肅穆凝重的巴黎聖母院。

聖母院是法國最古老的哥德式教堂，是宗教文化與世俗文化合而為一的奇特產物。它那環形的聖堂和小禮拜堂，挺拔的扶壁和細長纖弱的飛券，既傲世獨立，又透出一種空靈超脫之氣。

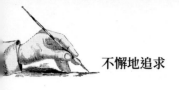
博尼亞向鄧肯講述這個建築物正面的所有雕像，令鄧肯吃驚的是，他能細緻到每一塊石頭的來歷。

博尼亞總是兩眼直瞪瞪地望著鄧肯，幾十分鐘一動也不動，不說一句話，卻從來沒有主動去挽過鄧肯的手臂；他在鄧肯的額頭上久久地親吻，可他從不吻鄧肯的嘴唇。他這種奇特的舉動，令鄧肯怎麼也捉摸不透。

有一次，他們坐在墨登樹林中一塊空地上，那裡有 4 條道路交叉。他管右邊那條道叫做「成功」，左邊那條道叫做「安寧」，筆直向前的那條叫做「不朽」。

鄧肯問：「那麼我們坐著的這條道呢？」

博尼亞低聲回答：「愛情。」

鄧肯當然聽見了。她興奮地叫道：「好，我寧願留在這裡。」

博尼亞卻說：「我們不能留在這裡。」說完便站起身來，沿著筆直向前的那條道飛奔而去。

鄧肯非常失望，又覺得迷惑不解，急急忙忙跟在他後邊喊道：「可這是為什麼？為什麼？你為什麼要離開我？」

然而，在回家的路上，他再也沒說什麼，把鄧肯送到工作室門口，突然扔下她就走了。

鄧肯感到非常困惑和懊惱：我們的愛情就一定會向後退嗎？一定會毀滅他「不朽」的事業嗎？我不也有事業嗎？愛

情難道不是「不朽」的嗎？鄧肯的心絞纏一團，傷心的淚水滾滾而下。

戀愛的挫折使鄧肯的心理產生了偏差。她不由自主地開始和布尼調情，想引燃博尼亞的妒火，可這位呆子詩人卻把所有的熱情都轉化為文字了，他正忙日忙夜地趕寫兩部新作，後來它們都成為法國文學史上的名篇。

探索舞蹈改革之路

鄧肯在關閉了愛情之門後，也把自己關進了工作室裡，她日日夜夜在潛心探索一種嶄新的舞蹈，它能夠透過身體動作給予人的精神神聖的表現：

> 傳統的舞蹈理論將一切舞蹈動作的中心界定在人體後背的中心脊椎的下端，手臂、腿和軀幹的活動都必須受制於這個彈性中心。

這種方法從純生理角度出發，而沒有關注到人的心理因素。它產生的動作是僵硬的、機械的，像醫生教導病人做恢復訓練一樣。

鄧肯常常一站就是幾個小時，紋絲不動，雙手交叉放在胸前，遮住太陽神經叢。她要透過身體勞累的極限體驗，尋找到原始動力的爆發點。就這樣老僧入定般一連好幾個月，鄧肯漸漸進入了一種純粹夢幻的境界，她可以將任何情感和

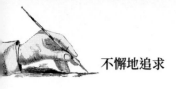

思想隨意地表現出來。只要一站在舞蹈的邊緣，精神的泉流就透過人體的各個渠道，湧遍全身。

這種舞蹈，絕不僅僅是身體四肢的反應，也不僅僅是依靠大腦的指揮，而是心靈的招引，一個內在的自我悠悠覺醒，手之舞之，足之蹈之，展示的是原生態的生命真相，是世界的模樣，植物的發芽聲，蓓蕾的初綻聲，森林裡的萬籟交響，稻田裡的蛙鳴，指間流瀉的音樂，顫動著無與倫比的光芒。由此，舞蹈藝術走進了人的內在與本真，成為人的基本素養之一。

母親見鄧肯呆若木雞、精神恍惚地持續那麼久，經常驚慌失措。不過鄧肯還是在思索著。在她進行的研究中，最初試圖表達蕭邦的序曲，也曾學習格魯克的音樂。母親總是孜孜不倦地為女兒一遍又一遍地彈奏《奧菲烏斯》，直到窗戶上曙光閃耀。

窗戶很高，而且沒有窗簾，因此母親一抬頭總是能看到天空、月亮、星星。有時大雨傾盆，雨水的細流就淌到地板上，因為工作室頂棚的窗戶很少是能防雨的。

到了冬天，工作室裡朔風凜冽，冷得可怕，而夏天則熱得像蒸籠一樣。他們只有這麼一個房間，大家是不方便的。不過年輕人能屈能伸，對這些滿不在乎。母親又是個刻苦耐勞、自我犧牲的模範，一心只想給孩子們的工作助一臂之力。

除了羅浮宮和國立圖書館，她又發現了第三個快樂的源

泉：歌劇院的圖書館。那裡的管理員對她的研究工作非常關心，不管什麼樣的書籍，只要是關於舞蹈的、關於希臘音樂和戲劇藝術的，都搬出來讓她隨意選用。

鄧肯便聚精會神地閱讀上自古埃及，下至當代的一切有關舞蹈藝術的書籍，隨讀隨記，專門抄錄在筆記本上。但是，在她完成了這個工程浩大的實驗之後，她才知道能夠求教的大師只有三人：尚 - 雅克·盧梭、華特·惠特曼和尼采。

鄧肯的探索引起了一些具有很高藝術鑒賞力的貴族的注意。某天下午，天將黃昏的時候，一個女子敲響了鄧肯住所的門。

她自我介紹道：「我是波拉利王妃，是格雷夫爾伯爵夫人的朋友，我看了妳的舞蹈。妳的藝術使我，特別是使我的作曲家丈夫發生了興趣。」

波拉利王子本人就是一位優秀的音樂家，他不僅痴迷於鄧肯的舞蹈，而且對鄧肯把舞蹈作為一種藝術而復興的理想也十分讚賞。他讓夫人邀請鄧肯到他們家的客廳舉行一場舞會。

而王妃會作畫，同時又是個出色的音樂家，會彈鋼琴和管風琴。

這位王妃似乎從這個空蕩冰涼的工作室察覺到鄧肯一家的貧困，看出了他們面有飢色。當她告辭離去的時候，羞怯地把一個信封放在桌子上，那裡面裝著 2,000 法郎。

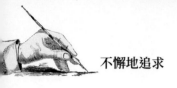

波拉利王子不愧是一位才華橫溢的音樂家，他身段單瘦，總是戴著一頂小黑絨帽，下面是一副小巧漂亮的面孔。他彈著自己心愛的古老鋼琴，為鄧肯的跳舞伴奏。

鄧肯穿上舞服，在他的音樂室裡為他跳舞。他看得出了神，讚美她正是他多年來夢寐以求的幻象。鄧肯那關於動作和音樂之間關係的理論引起他的濃厚興趣，她對舞蹈作為一種藝術而復興的種種期望和理想也深深地吸引了他。

王子那纖巧的手指彈在琴上，宛如戀愛著它、撫摩著它。他的讚賞像一股暖流湧上鄧肯的心頭。

最後，王子叫了起來：「多可愛的小女孩，伊莎朵拉，妳真可愛！」

鄧肯也用法語羞澀地答道：「真的，我也很喜歡您。我願意總是為您跳舞，在您那動人的樂曲啟發下創作舞蹈。」

在波拉利王妃工作室裡舉行的晚會極為成功。而且，由於她慷慨地把工作室對外開放，觀眾不僅限於她的好友，這樣一來，鄧肯的舞蹈引起了更為廣泛的興趣。

從此，鄧肯一家也在自己的工作室裡接連舉行收費的晚會，每次接納二三十個觀眾。波拉利王子每次都到場。有一次，他眉飛色舞地摘下他的小帽在空中揮舞，並且喊道：「伊莎朵拉萬歲！」

這句口號第二天就出現在巴黎各大報紙的版面。關於鄧肯舞蹈的各種評論也紛紛出籠。

最為人稱道的是大畫家歐仁‧卡里埃爾的一段妙論：

> 伊莎朵拉的舞蹈不再像過去的宮廷舞蹈和芭蕾舞，只
> 是填補空閒、激發餘興的節目罷了，而是更有生命力
> 的藝術。它無比豐富，激勵我們努力實現自己的理想。

王子夫婦與其他王室貴族不同，他們不僅極為欣賞鄧肯關於跳舞的見解，而且也極同情鄧肯的經濟狀況，並在這方面給了鄧肯許多支持。

波拉利王子與鄧肯商量著以後有機會可以長期合作。但是不幸的是，這位天才的音樂家不久英年早逝。

鄧肯悲痛萬分，波拉利王子夫婦在她的心中留下了不可磨滅的記憶，他們是鄧肯在巴黎貴族群中的藝術知音。

由於波拉利王子的推介，巴黎有名望的人中賞識鄧肯的逐漸增多，但是她的經濟情況依然不很穩定。她常常不得不在冬天，忍著飢餓與寒冷守著自己的藝術室，靜靜地恭候著靈感火花的迸發。

每當靈感來臨，鄧肯就會精神振奮，她的身體就會隨著心靈動作起來，宣洩著人世中的苦難與幸福。

有一天，鄧肯正在冥想默念之中，一位紳士走到她家，他穿著一件貴重的皮領大衣，戴著一枚鑽戒。

他對鄧肯說：「我從柏林來。我是一個戲院經理，聽說你在進行一種赤腳表演，我很感興趣，特意前來拜訪。我擁有柏林最大的遊藝場，那裡雲集著許多偉大的藝術家，他們都

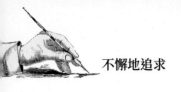

賺了大錢呢！有沒有興趣跟我簽個合約？」

　　這位經理傲慢地發出邀請，雙手抱攏，面帶微笑，自以為這個處境貧寒的女孩肯定會把這種邀請當作天上掉下來的幸運。

　　鄧肯聽到這位經理如此粗俗地形容她的舞蹈，不由心生不悅：「謝謝。我不是您所說的那種『偉大藝術家』，我不同意把我的藝術送進遊藝場。」

　　這位經理驚奇地說：「你難道不知道嗎？我會打出廣告，說您是『世界上第一個赤腳舞蹈家』。我現在即刻許諾你每晚 500 馬克，這可是別人都得不到的。而且以後還有的加。你當然不會拒絕吧！」

　　鄧肯簡直憤怒了，她堅決地說：「不肯，堅絕不肯。無論你提出什麼優越條件我也不肯。」

　　「你真是個傻女孩。這怎麼可能呢？不可能的、不可能、不可能。我不能接受否定的答覆。我已經把合約帶來了。」

　　鄧肯仍然不肯答應：「不行。我的藝術不是為遊藝場的，而你是個腸肥腦滿的資產者。你們的聰明之處就在於把錢當成宗教崇拜，而不是藝術。上帝啊，你的思想真令人害怕！無論如何我也不會去，不送了！」

　　這位德國戲院經理先生看著鄧肯家裡寒酸的樣子，看著她穿著破舊，根本不相信她的拒絕是出於真心。第二天他又

去了，再過一天他又去了，答應每晚付她 1,000 馬克，先訂一個月合約。

鄧肯認為他簡直不可理喻，她大吼道：「我到歐洲來跳舞，是想鼓動一種偉大宗教的復興，借動作來表現，以發揚身體的唯美與聖潔，而不是為著那些吃飽了沒事幹的資產階級的娛樂而來的。你不要再來打擾我了，再見吧！」

「每晚 2,000 馬克，你還會拒絕嗎？」

「當然！就是 1 萬、10 萬，我還是會拒絕你。我所追求的目標你不會理解。將來我總有一天會去柏林，也可能配著你們的愛樂交響樂隊跳舞，但那是為歌德和華格納的同胞們跳舞，必須在一個配得上這兩位偉人的劇場裡。請記住，他們才是最偉大的。而我所得的報酬，恐怕還不止 3,000 馬克。」

那位經理遺憾不解地走了。

後來，鄧肯的預言終於實現了。3 年之後，在歌劇院裡，她在柏林交響樂隊的伴奏下演出。當劇院售出了 25,000 多馬克的票房的時候，這位經理先生捧著鮮花到鄧肯的包廂裡來表示祝賀。

他友好地承認了自己的過錯，對她說：「小姐，妳的話沒說錯。」

只要有時間，鄧肯就遊蕩在巴黎的街頭，考察那些各個時代的別具風格的建築物。

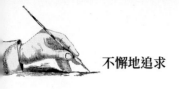

　　自從在 1900 年展覽會上觀賞了羅丹的作品之後，他的藝術天才總是縈繞在鄧肯的心頭。有一天，當鄧肯信步來到大學路時，她猛然想起，羅丹的工作室就在這條街上。

　　鄧肯向前走了 10 多分鐘，看見一塊小小的牌子，應該是了。

　　鄧肯剛見到羅丹的時候，發現他個子矮小，健壯有力，留著精美的短髮長鬚。他的作品，簡潔中蘊含著偉大的精神。

　　他時而輕聲念叨著自己的雕塑的名字，但是我們可以感覺到，這些名字對他來說並沒什麼意義。他常常撫摸著那些大理石雕塑，這些大理石在他手下大概像熔化的鉛一樣在流動吧！

　　最後，當他拿著一小塊黏土在手掌中揉捏的時候，他的呼吸急促起來，一股熱流在他的胸中激盪，好像熊熊燃燒的火焰。一會兒工夫，他就做出了一個女人的胸部雕像，那雕像在他手中好像在不停地扭動。

　　鄧肯調皮地說：「舞蹈家伊莎朵拉‧鄧肯參拜羅丹大師。」

　　老人轉過身來，行動有些遲緩了，但雙目依然光芒迸射，鬚髮蓬亂，粗硬，分明能瞧見歷經坷坎的蒼涼和威武。

　　羅丹還沒有回過神來：「舞蹈？舞蹈跟雕塑有什麼關係？」

「舞蹈就是運動中的雕塑。您在構思雕塑與人們在欣賞雕塑的過程，難道不是舞蹈的過程嗎？那種跳躍生發於一連串意象中驀然攫取一個瞬間的靈感。」

羅丹猛然定睛看著鄧肯：「哦，我倒很想看看妳的舞蹈啦！」

鄧肯誠懇地說：「您這地方小，去我那裡吧！我扶您。」

鄧肯扶著羅丹的手，僱了一輛車來到她的家裡。她很快換上舞衣，根據博尼亞為她翻譯的古希臘詩人忒奧克里斯托的一首牧歌，為他表演舞蹈。她有意識地將在羅丹工作室看到的各種雕像的姿勢融入舞蹈之中。

兩年以後，鄧肯從柏林回到巴黎時才又見到了羅丹。以後的許多年中，他一直都是鄧肯的良師益友。

鄧肯與另一位大畫家歐仁‧卡里埃爾的會晤就大不一樣，但也充滿樂趣。她是由作家凱徹爾的夫人帶到他工作室去的。凱徹爾夫人同情鄧肯一家的孤寂生活，時常請他們到她家裡吃飯。

有一次，鄧肯注意到牆上掛著的一幅奇異、迷人而憂傷的畫像，凱徹爾夫人告訴她說：「這是卡里埃爾為我畫的肖像。」

一天，凱徹爾夫人帶鄧肯到卡里埃爾家裡去。她們登上最高一層的工作室。在那裡，卡里埃爾被他的書籍、家人和

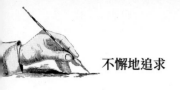

朋友們團團圍住。他擁有一股極其強大的精神力量，同時周身流淌著對於一切的深情厚愛。他的畫作的一切優美、力量和奇特，正是他那崇高心靈的直接表現。

卡里埃爾的作品線條簡潔，善於處理光色變化，往往在憂傷的氛圍中滲透出光明和希望，蘊含著基督般的智慧和博愛。

當鄧肯來到他面前的時候，感到自己彷彿見到了基督，滿懷著敬畏。

鄧肯很快成了卡里埃爾工作室的常客，他們很快就推心置腹地待她，把她看作他們的摯友。

這是鄧肯青年時代最美好的記憶之一。從那時起，每當她懷疑自己的時候，只要想起跟他們在一起的情景，就恢復了自信心。

柏林之行刻骨銘心

有一天，當時歐洲著名的舞蹈家、美國現代舞的另一位奠基人洛伊‧佛勒找到了鄧肯的工作室。

見面之初，鄧肯就把自己關於跳舞的理論講給佛勒聽，並為佛勒跳了幾段舞。佛勒是開創舞臺藝術光色變化的先驅，她很欣賞這位美國女孩的才華，她對鄧肯說：「我現在正經營著日本舞蹈家貞八重子的演出，準備去柏林。我邀請妳與我們一同前往。」

　　鄧肯一直很欽佩貞八重子的藝術，她欣然接受了佛勒的提議。

　　臨走那天，博尼亞來為鄧肯送行。他們最後一次去城島，瞻仰巴黎聖母院，那是他們最熟悉的地方。

　　到了柏林，鄧肯到布利斯托爾旅館，在一套豪華的房間裡找到了佛勒。

　　佛勒按了一下電鈴，給鄧肯叫來一份非常豐盛的晚餐。晚上，佛勒要在冬季公園跳舞。

　　佛勒當時正忍受著脊椎劇痛的煎熬。侍女不時送來冰袋，放在椅子上，墊著她的背脊。佛勒說：「再來一個就行了，親愛的。好像就不痛了。」

　　鄧肯注視著她，真不知道她怎樣才能赴約去跳舞。

　　那天晚上，鄧肯坐在包廂裡看佛勒跳舞時，看到佛勒光彩奪目的形象，她簡直無法把她與幾分鐘以前那個忍受著劇痛的病人聯繫起來。她變成了絢麗多彩的蘭花，變成了裊娜飄逸的海葵，最後又變成了螺旋形的百合花，真是五光十色，變化無窮，猶如魔術一般。多麼非凡的天才啊！鄧肯沉醉了。

　　演出結束後，鄧肯神思恍惚地回到旅館，這位奇異的藝術家使她魂不守舍。

　　第二天早晨，就像初到巴黎時一樣，鄧肯初次出去觀賞柏林市容。作為一個對希臘和希臘藝術嚮往已久的人，柏林

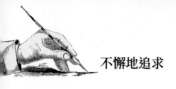

的建築物頃刻給了她深刻的印象。她細心地觀賞了柏林的建築，體會著這些建築與希臘建築的共同之點與不同之處。

在柏林逗留了幾天之後，鄧肯又隨著佛勒的劇團到了萊比錫，然後又到了慕尼黑。

鄧肯對在德國的日子感覺非常開心，她白天到外面去周遊觀賞，晚上就到劇場去看佛勒的演出。當佛勒在德國的旅行表演結束之後，藝術團又希望能去維也納，可是貞八重子的演出也許是曲高和寡，佛勒遭到了慘敗，缺少足夠的錢，而且這次看來已完全不可能借到任何一筆款子。

鄧肯自告奮勇到美國領事館去請求援助。她要求他們無論如何給藝術團弄到去維也納的車票。

經過鄧肯的一番努力，藝術團終於湊到了足夠去維也納的錢。鄧肯又跟著一起來到了音樂之都維也納。

在維也納，鄧肯邂逅了匈牙利的一位戲院經理亞歷山大‧格拉斯。格拉斯看了鄧肯的舞蹈之後，極為欣賞，他對鄧肯說：「假如妳想追求光明的前途，那可以隨時到布達佩斯來找我。」

到了這個時候，雖然鄧肯很崇拜佛勒的藝術，但開始問自己，為什麼要把母親獨自一人留在巴黎，而自己在這個由美麗而癲狂的女人組成的劇團裡。到目前為止，她只是旅途中一切戲劇性事件的一個愛莫能助的旁觀者。於是，她決定打電報把母親從巴黎叫來。

母親果然來了。鄧肯把對目前處境的一切想法都告訴了她，最後倆人決定離開維也納，這時，她想起了格拉斯的建議轉往布達佩斯，並順利地找到了格拉斯。

於是，鄧肯有了第一次在劇場為觀眾獻舞的機會。格拉斯向鄧肯提出：「我希望妳能在我的烏蘭尼戲院裡表演獨舞，我們的合約一簽就是 30 個晚上。」

鄧肯還有些擔憂：「我跳舞是為有鑒賞能力的人，以前只跳舞給藝術家、雕塑家、畫家、音樂家等名流看，不知道普通觀眾會不會歡迎？」

格拉斯不同意鄧肯的觀點，他鼓勵說：「藝術家是眼光最高、最挑剔的觀眾，過了他們那一關，普通觀眾一定會更加百倍地喜歡的。」

鄧肯聽信了，簽了合約。

果然，鄧肯第一晚的演出，就獲得了巨大成功，此後的 30 個晚上，場場爆滿。美麗的布達佩斯城，一片姹紫嫣紅。在河邊、在山上、在紫丁香怒放在每座花園裡。每天晚上，如痴如狂的匈牙利觀眾發出暴風雨似的喝彩，把他們的帽子扔到舞臺上。

鄧肯以她極具魅力的獨舞征服了布達佩斯的觀眾。

有一天，格拉斯帶她去市面上的一些小餐館用餐。在那裡，可以聽到吉普賽人美妙的演奏。踢踏的快板，含有飛揚塵土的樂曲，讓人聯想到馬車團隊和林蔭大道的天籟。

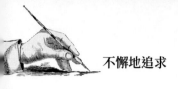

鄧肯激動地說：「一個匈牙利的吉普賽音樂家抵得上世界上所有的留聲機。」

鄧肯嘗試著把吉普賽管絃樂隊搬上舞臺，為她伴奏。這種長期以來為貴族們嗤之以鼻的下里巴人的音樂一登上大雅之堂，即以其無拘無束的形體語言和奔放嘹亮的音樂表現風靡全城。鄧肯也常常陷入那種充滿渴望與動盪不安的旋律裡不能自拔，她就是從那時起開始穿上紅色舞衣。因為，紅色象徵著火一般的熱情和不屈的意志。

1902 年 4 月的一天早晨，鄧肯看見多瑙河河水在陽光照耀下閃爍蕩漾，使她獲得深刻的印象。當晚，她傳話給樂隊指揮，讓他在演出結束時，臨時加演史特勞斯的《藍色的多瑙河》。此時的鄧肯首次品嘗到成功的喜悅，也像這季節一樣春風得意。

當天晚上，樂隊奏起史特勞斯的《藍色的多瑙河》，鄧肯歡快地伴著這支曲子翩翩起舞。頓時，全場的觀眾就像觸電一樣，走火入魔一般狂喊著，跟著鄧肯跳起來。

鄧肯跳罷一曲，觀眾不依，要求她再跳幾次。鄧肯興奮地又跳了幾遍。觀眾們就跟著一起舞動。

他們說：「她用她那優美的形體語言對這首人類熱愛的曲子進行了最好的演繹。」

就在這天晚上，在歡呼的觀眾當中，有一位儀表堂堂的

匈牙利青年男子闖進了鄧肯的生活。在此後的一段時間，他使鄧肯由一個安靜的女孩變為一個熱情如火的女孩。

他是這個國家很出色的演員，名叫貝列吉，以扮演莎士比亞戲劇中的「羅密歐」而當紅，後來成為匈牙利最偉大的演員。大家一直稱呼他「羅密歐」。

鄧肯也就隨之稱他為「羅密歐」，「羅密歐」則叫鄧肯「朱麗葉」或者「我的花兒」。

「羅密歐」燃起了鄧肯心中狂熱的愛情之火。

整個布達佩斯為鄧肯的舞蹈而瘋狂，鄧肯為高大挺拔的「羅密歐」而瘋狂，還有他臺詞式的甜言蜜語：「呵，可愛的花兒似的女孩，妳讓我懂得了真正的愛情，這才是羅密歐的感情體驗。妳是我心中的太陽，我的朱麗葉。」

他給了伊莎朵拉一小方紙片，上面寫著：「國立皇家劇場的包廂。」那天晚上，鄧肯和母親一起去看他扮演羅密歐。他刻畫羅密歐那青春愛情的火焰，最終征服了鄧肯的心。

鄧肯完全被「羅密歐」那種吉普賽式的熱情融化了。而「羅密歐」看上去不過是加演了一場話劇，「羅密歐」引導鄧肯向愛情的另一個領域探索，這也是鄧肯最投入最熱切的一次愛情。

「羅密歐」帶著鄧肯到鄉下的農家住了幾天，他有一副好嗓子，他教給了鄧肯許多匈牙利和吉普賽歌曲，並把歌詞的

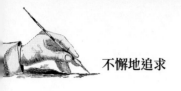

意義和發音教給她。這豐富了她舞蹈的內容。

　　而鄧肯在熱情、渴望、欽慕之下，向「羅密歐」獻出了她的真愛。

　　母親一發現鄧肯的心理動向，就對女兒發出了警告：那是一個輕率的男人，只有漂亮而已。

　　剛從紐約來的伊麗莎白更甚：「妳簡直是在犯罪，拋棄舞蹈的事業去追逐虛幻的愛情肥皂泡。」

　　鄧肯可顧不得這麼多了，愛情的強大火力已經沖昏了她的理智。

　　格拉斯也意識到了事情不妙，他馬上為鄧肯安排了一次在匈牙利各處的巡迴演出，強行把鄧肯從沉迷中拉回到舞臺上來。

　　在這次旅行過程中，在所有那些匈牙利小城市裡，鄧肯到處受到觀眾極其熱烈的歡迎。在每一個城市裡，鄧肯渾身上下穿著白色的衣服，在一片歡呼聲中，像從另一個世界來觀光的年輕女神那樣穿城而過。

　　但是，不管群眾怎樣起勁地逢迎，不管她的藝術怎樣使自己欣喜若狂，鄧肯依然迫不及待地渴望與「羅密歐」歡聚。此時此刻，她願以自己的一切成功，甚至以她的藝術，來換取再度陶醉在他懷抱裡的一時片刻。她渴盼著早日回到布達佩斯，與「羅密歐」相會。

063<

這一天，鄧肯終於回到了布達佩斯，她四處張望，一看到前來接她的「羅密歐」，像天鵝一樣地飛進了他的懷抱。

在她撲上去的頃刻，她就感到了一股徹骨的涼意，再看，「羅密歐」俊俏的臉龐上沒有任何愛情的痕跡。

鄧肯掙脫了出來，她問他：「你好像變化了許多？」

「是的，我不再是原來的『羅密歐』了。我正在排練馬克·安東尼這個角色，一個羅馬平民。」

「你一直就是在演戲？」

「人生不是一場戲嗎，妳以為是別的什麼？我一直專心於我的藝術，妳並不是我生活的中心。」

鄧肯想抽他一記耳光。但她沒有，她不願意伸手打一副面具，或者說，去敲一口喪鐘。

這時，「羅密歐」與一位天主教修女的私情正成為布達佩斯市民的新聞熱點。這次感情經歷及最終分手，給鄧肯的心靈以巨大的打擊，她接連幾週都沉浸於痛苦悲傷之中不能自拔，整日以淚洗面。終於，她的身體支撐不住了。

格拉斯連夜帶鄧肯去維也納，她病倒了。把她送進了一家醫院。接連幾個星期，鄧肯完全處於虛脫和極度痛苦之中。

過了很長一段時間，鄧肯才恢復健康。格拉斯帶她到弗朗曾斯巴德去療養。她心情憂鬱，無精打采，不論是美麗的鄉村或者和藹的友人，都無法引起她的興趣。

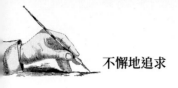

隨後，格拉斯一行又馬不停蹄地趕到德國。他沒有安排鄧肯的演出，而是讓她散心，走走，看看，拜會一些王公貴族和藝術家。

格拉斯夫人來了，她徹夜不眠，親切友好地照料鄧肯。在醫生和護士的昂貴費用耗盡了鄧肯的銀行存款之後，格拉斯為她安排了在弗朗曾斯巴德、馬里安溫泉和卡爾斯巴德演出。

鄧肯打開衣箱，拿出舞衣，一邊熱淚潸潸地吻著她的紅色舞衣，一邊發誓絕不再背棄藝術去追求愛情。

此時，她的名字在這個國家簡直有了魔力。一天，當她與她的經理和他夫人一起用餐的時候，餐廳玻璃窗外的人群擁擠不堪，竟把窗上的大玻璃擠破了，搞得旅館經理無可奈何。

鄧肯把煩惱、痛苦和愛情的幻滅都轉化為她的藝術。最後，格拉斯為她安排了在慕尼黑的演出。在那裡，她跟母親和伊麗莎白重新團聚。她們為她的勇敢感到很高興，儘管發現她變了，而且很憂傷。

在到慕尼黑以前，鄧肯和姐姐到阿巴沙去，驅車在街上到處尋覓供膳宿的旅館。旅館沒有找到，她們自己卻引起這個寧靜的小城相當大的注意。她們被路過的斐迪南大公看到了。他很感興趣，向她們打招呼，邀她們到斯蒂芬尼旅館花園中他的別墅裡去住。

於是，貴婦人爭先恐後地去拜訪她們。但那些貴婦人根本不是如鄧肯天真想像的那樣，是對她的藝術發生興趣，而是想要弄清她在大公別墅裡的真實地位。

閒來無事，鄧肯以匪夷所思的搭配創造各種舞服，最流行的是她用中國紗羅製成的淡藍色舞服，大開胸，肩上只有一根吊帶，裙子齊膝，裸腿赤足。

鄧肯在服裝設計領域裡也同樣掀起了一場革命，因為當時婦女們穿的游泳服還是一身頭腳不露的黑衣。一向著意迴避女性的斐迪南大公都情不自禁地擊掌稱讚：「瞧，鄧肯多麼漂亮！真是好看極了！就是春天也沒有這樣美！」

鄧肯居住在阿巴沙別墅。她每天學習德文，通讀叔本華、康德的原著，聽華格納的音樂。叔本華、康德音樂般舒暢的語言敘述，華格納哲學般高屋建瓴的音樂流程，頻頻沖開鄧肯的茅塞，使她對藝術的使命感愈益強烈。

經過長久的時間，鄧肯這個純情的舞蹈天才終於復原回來，而這次刻骨銘心的感情之波，使得鄧肯在一段時間之內把關於愛情的痛苦與幻想全部變成了對藝術的追求。她耐不住寂寞了。她要出山。

那時慕尼黑的整個生活都集中於「藝術家之家」。一群著名的大師，諸如畫家卡爾巴赫、倫巴赫、版畫家斯塔克等人，每天晚上都在此聚會，喝著上好的慕尼黑啤酒，談論哲學和藝術。

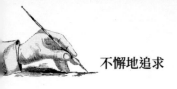

　　格拉斯想安排鄧肯首次在那裡演出，倫巴赫和卡爾巴赫也這麼想。但是斯塔克堅持認為舞蹈對於像「藝術家之家」這樣一個藝術殿堂來說，頗不合適。

　　於是，一天上午，鄧肯到斯塔克家去拜訪，想說服他相信她的藝術的價值。她在他的工作室裡脫下衣服，換上舞衣跳舞給他看，接著給他講她的神聖使命，講舞蹈作為一種藝術的可能性，一連講了 4 個小時。

　　後來斯塔克常對朋友們說，他一生中從來沒有這樣驚訝過，好像林中仙女突然從奧林匹亞山上下來，從另一個世界來到他的眼前。

　　鄧肯在「藝術家之家」的首次演出，成為這個城市多年以來的藝壇盛事。接下來，格拉斯說，那就去凱姆學院吧，學生的領會力是不可估量的。

　　然而，他們還是沒有料到會出現那種異常火爆的場面。鄧肯的馬車被散場的學生團團包圍，他們把馬解下來，一夥人拉著車遊街，另一夥人擎著火炬在後面歡躍。

　　到了一家咖啡館，鄧肯被抬了起來，被拋了起來，在學生群舞的頂峰跌宕起伏。

　　他們不斷地高唱：「伊莎朵拉，伊莎朵拉。妳讓我們感到，人生多麼美好。伊莎朵拉，伊莎朵拉。」

　　鄧肯回到別墅，年輕的學子們一連數小時聚集在伊莎朵

拉住的旅館窗戶下面唱歌。她把花朵和手帕扔給他們，人們便搶著，每人分一點掖在帽子裡。

這個晚上讓所有的慕尼黑市民瞠目結舌，他們真的認為鄧肯是「天上來的」，在那裡一個勁地喊「上帝」。這天晚上的事情第二天在報上發表的時候，全城的規矩人為之駭然。

慕尼黑是歐洲藝術和學術的中心之一。大街上盡是大學生，經常可以看到女孩們的腋下夾著書或樂譜。商店的櫥窗裡陳列著稀有的古書古畫和最新出版的各種圖書。

鄧肯在「藝術家之家」的一次盛會上，覺得坐在對面的一位男子十分面熟，又想不起在哪裡見過。她憑直覺走過去，斷然肯定他與理查·華格納有著密切的關係，因為鄧肯曾經在樂譜中看到過這位音樂大師的照片：額頭前凸，鼻樑高挺，嘴巴卻柔到了極點，與面部的剛硬之氣格格不入，卻又顯得異常風趣。

原來，那個男子就是大師的兒子西格弗里德·華格納。

鄧肯了解之後，興奮地對他說：「能夠見到你，我太高興了。你父親是我心中的偶像。」

西格弗里德讚嘆地說：「謝謝。能和妳說話，我同樣高興。我看過妳十幾場演出了，妳的舞蹈是一座豐碑。」

鄧肯謙遜道：「不，我僅僅是一名讓人欣賞的舞蹈家，而你父親還是一位給人啟迪的哲人。」

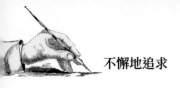

西格弗里德直言：「妳有很好的潛質，妳天生就是舞蹈的精靈。在音樂的陶冶上，除了我父親，妳還必須認識一個人，他對妳更加重要。」

鄧肯急切地問：「誰？」

西格弗里德表情神聖地說：「貝多芬。父親生前說，貝多芬是音樂史上的太陽。」

西格弗里德接著說：「妳的舞蹈，使人不由自主地想到出澗的溪流、月光下迎風搖擺的棕櫚、清晨草地上晶亮的露珠，生動、活潑，引人向上。然而，它們還不具備陽光普照的器量，海的包容以及風雨後的明淨清新，缺乏使人從困厄中振奮的精神力量。妳得聽貝多芬，妳得去希臘。在德國，妳頂多是個當紅明星，這是遠遠不夠的！」

過義大利趕到希臘

鄧肯聽從西格弗里德的建議，計劃前往希臘。不過在此之前，由於她與母親在慕尼黑的各個博物院中欣賞了許多義大利的偉大藝術作品，而且義大利離德國不遠，於是鄧肯與母親、姐姐商量，先去義大利遊歷一番。

旅途中，3個女人乘車經過提羅爾山地，來到阿爾卑斯山南面的安布立亞平原。鄧肯覺得眼前一片開闊，沿途的景物讓她興奮不已。

　　她們在佛羅倫斯下了火車，然後用了幾個星期的時間愉快地到處遊覽，看遍了美術館、公園和橄欖園。

　　在那段時間裡，是波提切利吸引了鄧肯這顆年輕的心。一連幾天，她在義大利畫家波提切利的名畫《春》前一坐就是幾個小時。

　　鮮花盛開的大地柔和起伏，山林女神們圍成一個圓圈，風之神的凌空飛舞，這一切都環繞著中心人物——她一半是阿芙蘿黛蒂，一半是聖母瑪利亞。春天孕育萬物。

　　鄧肯被這幅畫完全迷住了。一次，善良的老管理員為她拿來一張凳子，並好奇而又饒有興趣地觀察鄧肯看畫時的表情。

　　鄧肯一直在那裡坐著，恍然之間，她看到鮮花成長，畫中赤露的腿跳起舞，身體扭動起來，而歡樂的使者來到她面前。

　　於是她想：「我一定要把這幅畫編成舞蹈，把愛的訊息，曾經使我那樣痛苦的愛的訊息——春天，孕育萬物的春天，帶給他人。我一定要透過舞蹈把這種狂喜的感情帶給他們。」

　　到閉館的時間了，鄧肯還坐在畫前不肯離去，想透過這美好而神祕的一瞬間發現春天的真諦。她感覺到在此之前，生活都是一種漫無目的的盲目追求。鄧肯相信，如果能找到這幅畫的祕密，就可以為人們指出一條多姿多彩、充滿歡樂的生命之路。

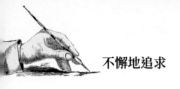

　　她對生命的看法，就如同一個帶著良好的願望走向戰場的人，他受了重傷，反思過去，他這樣說道：「為什麼我不去傳播宗教福音，拯救別人免遭這種殘殺呢？」

　　這就是鄧肯在佛羅倫斯面對波提切利的《春》所作的思索，後來她就努力將它編成了舞蹈。在裡面努力去表現這幅畫中所呈現出來的那種柔和、奇妙的動感。

　　甜蜜的異教徒生活時隱時現，阿芙蘿黛蒂的光輝透過更為仁慈溫柔的聖母的形象來表現，阿波羅就像聖塞巴斯蒂安一樣來到嫩芽初上的樹林中！啊，所有這一切就像充滿歡樂的暖流湧進她的胸膛，她急切地想把它們表現在自己的舞蹈中，她稱之為《未來之舞》。

　　如此，鄧肯就在一個宮殿的房子裡，配著早年幾個不出名的音樂家的音樂，跳舞給佛羅倫薩的藝術家看。

　　她們還是像從前那樣，從來沒有顧及生活的困難，不久身上的錢就花光了，鄧肯只好給格拉斯發電報，請他給寄些費用，以便她去柏林找他。當時他正在柏林準備鄧肯的首次演出。

　　錢一收到，她們就返回了柏林。

　　到達柏林的時候，她們簡直莫名其妙：在驅車穿過城市的路上，發現滿城都是寫著鄧肯名字的燈光廣告，以及她將於克洛爾歌劇院同愛樂交響樂隊一起演出的預告。

　　格拉斯安排她們在布利斯托爾旅館裡的一套漂亮的套間住下，整個德國新聞界都在那裡等待伊莎朵拉‧鄧肯舉行第一次記者招待會。

　　有了在慕尼黑的研究和佛羅倫薩的經驗，於是鄧肯用美國式德語大發宏論，率直天真地解釋她對舞蹈藝術的看法，她說它是一種「偉大的原始藝術，是一種能夠喚醒其他藝術的藝術」。這使當地的新聞界大吃一驚。

　　這次演出再次使柏林轟動了，觀眾大為傾倒，演出了兩個多小時以後，觀眾根本不願意離開歌劇院，人們似乎都陷入對鄧肯舞蹈的狂熱之中。

　　劇院每個晚上都擠滿了觀眾，表演結束後，觀眾們將他們心目中的女神鄧肯從臺上抬下來，歡呼著：「聖潔的伊莎朵拉！」走過幾條大街，一直走到她住的旅館。

　　某個晚上，雷蒙德突然從美國趕來了，他不能忍受和家人的長久分離。這時，一家人就計劃著到他們以前一直渴望而沒有到過的雅典去，那裡是他們認為最神聖的藝術的聖地。

　　鄧肯說：「如果不到雅典，那我們對藝術的研究就始終只能徘徊在藝術寶殿的大門外。」

　　因此，儘管格拉斯極力挽留鄧肯，但她還是堅持離開德國，滿懷熱情地奔赴希臘。

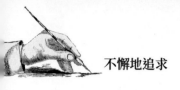
雷蒙德積極地加入了鄧肯籌劃的希臘之行，路線是從柏林坐火車到威尼斯，再乘船去雅典。

在威尼斯，他們逗留了幾天，參觀了那裡的禮拜堂、藝術陳列館和水上街道。雷蒙德說：「我們這次到希臘不是為了旅遊，所以盡可能一切從簡，最好就像原始野蠻人那樣。所以，儘管我們這次不再缺錢，但還是不要去乘坐那些舒服的大客船。」

鄧肯和母親、姐姐都齊聲叫好，認為這樣反而更充滿了刺激。他們最終乘坐的是一艘往來於布林底西和聖毛拉之間的小小郵船。

他們到聖毛拉上了岸，拜訪古老的伊沙卡城遺址，這也是古代希臘傑出的女詩人莎芙從懸崖上投海的地方。

他們在此處稍作逗留之後，便乘一艘小帆船，頂著如火的 7 月驕陽，穿過蔚藍色的愛奧尼亞海，駛進安布魯斯海灣，來到加發沙拉小城，在此登陸時，城裡的人都到海邊來迎接他們。當地土著見到他們，就像當年哥倫布第一次登上美洲大陸一樣驚訝。

鄧肯和雷蒙德跪下吻著地上的泥土，然後雷蒙德即興作詩一首，他高聲地朗誦道：

美麗神聖的希臘啊，望著你的人
心中一定覺得冷淡

也不會有留戀邦土的那種願望

因為你的牆壁毀壞了

你的宮殿變成了廢墟

看了叫人如何能不感覺蒼涼

那些當地人聽了雷蒙德的詩，都默然無語。

但此時，鄧肯一家的快樂卻達到了頂點。他們瘋狂地想擁抱每一個當地人，差不多要在心裡吶喊出：「我們在外漂流，最後才到達這塊聖地！啊，奧林匹亞山的聖主，我們向你致以最崇高的跪拜！日神阿波羅！亞里斯多德！啊，藝術的九女神，你們都和我一起跳舞吧，我們的歌聲恐怕驚醒了酒神和他那些酣睡的侍女了！」

第二天天一亮，他們就離開了小城。母親坐在一輛雙駕馬車裡，鄧肯兄妹3人則折了許多桂花枝，把母親保護在中間。

整個加發沙拉小城的人都來為他們送行，一直望著他們的身影消失在遠處。

一家人興高采烈地到達了斯特累托。這個古城三面環山。他們一家第一次看到古希臘的廢城。他們貪婪地觀賞著那些「多麗式」的圓柱，眼睛裡閃著欣喜的光芒。知識廣博的雷蒙德引著母親、妹妹到了西山神廟的原址處。

他們一路走，一路看，一直走到了亞格利安，這時天已經完全黑了。他們又特意去了梅索朗吉昂。80年前，才情

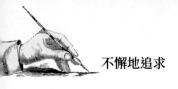

卓絕的英國浪漫主義詩人拜倫積極投身於希臘的民族獨立運動,不幸病逝於此。

到達佩達裡斯之後,就能夠坐上火車了,但一家人展開了熱烈的爭論:到底是先去奧林匹亞山還是先去雅典?最後是鄧肯的意見占了上風,他們決定先去雅典。

火車奔馳在陽光普照的希臘大地上。一會兒瞥見白雪蓋頂的奧林匹亞山,一會兒又處身於婆娑起舞的山林中間,他們感到無限喜悅,常常用互相擁抱、流出高興的眼淚來表達情緒。小車站上的農民們驚奇地望著他們,以為他們不是喝醉了酒,就是發了瘋。

那天晚上,他們到達了戴上紫羅蘭花冠的雅典城。

天剛亮的時候,他們便帶著朝聖者的神情,向雅典神殿拾級而登。渴慕已久的帕德嫩神廟眨眼即矗立於晨光之中。這是一種怎樣的景緻啊,文化與自然的融合,古與今的交匯,傳統與現代的對話。

這是一份怎樣的心情啊,驚、喜、幸福的泉流迸湧至嗓尖,直想大叫,可誰也發不出聲。

登上高處,鄧肯感覺,以往的一切生命,就像一件雜色斑駁的外衣從身上脫落,似乎她從來沒有生活過,似乎在現在長長的呼吸中,對純潔之美的初次凝視中,她剛剛降生人間。鄧肯體驗著這種重生一般聖潔的美,只喊出一句:「輝煌無比的雅典!」

獲得了盛譽的鄧肯，經歷過失戀的鄧肯，來到希臘尋找光明和夢想。終於，在帕德嫩神廟的臺階上，在寧靜的雅典娜女神面前，希臘的太陽從彭特裡庫斯山那邊升起，照耀著身穿白色「圖尼克」的鄧肯。

鄧肯在陽光下宛如一尊白色雕塑。她注視著陽光下神殿偉大的輪廓，大理石閃爍出神祕的光輝。

一家人都緘默不語，美是神聖的，不是用言語可以表達出來的。幾千年歲月凝聚成壯麗的一瞬，這一瞬，人成了神，擁有宇宙的大美；神變為人，擁有多感的心靈。人神合一，這是人類文明的起源，也是人類長久追求的一種境界。

他們都好像受了驚嚇的孩子一樣，沒有叫聲，沒有跳動，只是沉默著，心中充滿了無限的快樂，就這樣，站在最高的臺階上，靜默了幾個小時。

幾天後，奧古斯丁也來到了他們身旁，鄧肯一家人再次團聚了。他們覺得，就這樣，一切都已經足夠了，這就是他們長途跋涉的目標，他們看了雅典神殿的時候，感覺對美的欣賞已經達到了頂點，根本再不會有比這更高的美的藝術形式了，這裡已經滿足了他們對美的欣賞的一切要求。

鄧肯在布達佩斯已被觀眾敬如天使，受到極端的歡迎，但她毅然離開了那裡。因為她要把一切名譽、金錢之類的虛浮都拋棄，而完成一次精神上的重生。此時尚存留於雅典神廟雅典女神的精神，就是鄧肯追求的生命的最真實的精神。

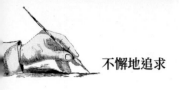

　　鄧肯決定，用在德國演出賺來的錢，建造一座宮殿。聖殿要與帕德嫩神廟處於同一水平線上，每天同時看到太陽升起。從此，全家人都留居於在這座宮殿裡，留居於這藝術輝煌的聖地。

　　只有奧古斯丁一個人不大高興。他悶悶不樂了很長一段時間，最後終於吐露了真情：他妻子和孩子不在，他覺得非常寂寞。於是大家同意把她們接來。他妻子帶著女兒來了。

　　他們找遍了科侖羅斯、法勒能以及阿提喀所有的山谷，但找不到一個地方堪當建址。後來有一天，鄧肯在走向以養蜜蜂而著名的亥麥塔斯的時候，她邁上了一塊高地，忽然發現它與雅典神廟的亞克羅坡利山正好在同一水平線上。

　　接著，就要組織圖畫紙和製圖儀器，設計宮殿的樣式。這是雷蒙德的特長，他瞧不起建築師，不要他們幫忙，他自己動手，仿照著雅典城其中一座神殿的樣式來設計圖紙，在沒有建築師的情況下就完成了。建房的事由雷蒙德全權負責。

　　一家人研究雅典衛城，建築房子，配著埃斯庫羅斯的音樂跳舞，一天天忙得不亦樂乎。除了偶爾到附近的鄉村去散步，似乎忘掉了塵世的一切。

　　山上的房子一天天建起來，但他們很快就發現，附近方圓幾里之內根本找不出一滴水。但樂觀浪漫的一家人仍然堅

持著。他們請了更多的工人來開挖自流井，但一連做了幾個星期都一無所獲。

此時，鄧肯銀行的存款已經用光了。建築費用比預算大大超支，鄧肯不得不決定離開希臘。離開前幾天的一個晚上，鄧肯整夜無眠，獨自一人來到雅典衛城上，走進酒神戲院，她在這裡跳了一場告別舞，面對眾神，面對光榮和夢想，面對從遠古潺潺而來的歲月之流。

然後，她登上普拉比侖山，進入雅典神廟，在此，鄧肯感覺自己以往的一切光榮之夢忽然破裂了。她只是現代人，而不是，也不可能是別的什麼人，不可能擁有古希臘人的感情。

現在她面前的這座雅典娜神廟，在以往不同的時代有過它不同的色彩，而她到底只是一個蘇格蘭和愛爾蘭血統的美國人。在希臘度過的這一年的美麗幻想一下子破滅了。

3 天之後，一大群熱心者，還有那流著眼淚的 10 名希臘男童的父母，簇擁著鄧肯一家搭上從雅典去維也納的火車。在車站上，鄧肯用藍白的希臘國旗包著全身，那 10 個希臘孩子和希臘群眾一起唱起美麗的希臘歌謠。

火車緩緩啟動，載著鄧肯一家，那 10 個希臘兒童，還有教拜占庭音樂的教授，駛向維也納，只留下雷蒙德在希臘管理工地事務。

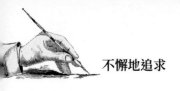
醉心探索舞蹈音樂

離開希臘的第二天上午，鄧肯一行抵達了維也納。

在維也納，鄧肯讓她的合唱隊唱起埃斯庫羅斯的《懇求》，而自己則伴著音樂跳舞，用這種方式向奧地利的觀眾做了最真實的活廣告。

在維也納卡爾戲院，鄧肯的舞蹈又重獲勝利。剛開始，觀眾對合唱隊的表演反響並不十分強烈，但當鄧肯登場，隨著《藍色多瑙河》的樂曲翩翩起舞時，觀眾立刻狂呼起來。

最後，鄧肯向觀眾作了即席演講，她說：「我希望恢復希臘悲劇歌曲的那種精神，我們必須復活合唱的美。」

她的話還沒講完，觀眾就大聲喊起來：「我們不要聽講，我們要看您的舞蹈！再來一次《藍色多瑙河》吧，再跳一次吧！」

演出幾場之後，鄧肯一家口袋裡又鼓鼓的了，他們離開維也納再次回到了慕尼黑。

鄧肯又來到了德國。她認為德國是一個嚴肅的國度，她的嶄新的舞蹈理論，需要理性的審視。而這裡，有康德的《純粹理性批判》，有《查拉斯圖拉如是說》，還有一大群詩人、畫家簇擁在她的周圍。

鄧肯把那班希臘孩子帶到慕尼黑的時候，引起了各大學教授和知識界的注意。著名的胡特汪勒教授還專門以希臘都

會拜占庭音樂老師的詩歌為內容，作了一次公開的演講。

把舞蹈想像成一種合唱，進而成為一種人所共有的表達方式，逐漸得到輿論的首肯。每一場演出都是人山人海，水洩不通。所有的沙龍、酒會和文學藝術中心，都在熱火朝天地討論一個話題：鄧肯的舞蹈。報紙專欄，雜誌封面，滿城的燈光廣告，全都寫著鄧肯的名字。

柏林對於這班希臘孩子，或許並不是真正從內心裡熱烈歡迎。但柏林的觀眾還是像維也納的觀眾一樣高喊著：「請您先不要管什麼恢復希臘的詩歌，就為我們跳《藍色多瑙河》吧！」

與此同時，希臘男孩們自己也感覺到不習慣這個陌生的環境。有好幾次，旅館主人向鄧肯抱怨，這些孩子不懂規矩，脾氣太壞，總是要求黑麵包、熟透了的黑橄欖果和生洋蔥。每天的飯菜中若沒有這些開胃食品，就對侍者大發脾氣，一直發展到把牛排扣在他們頭上，動刀子。

後來，他們已經失去了那種清純超然的音調，連那位教拜占庭音樂的教授也變得索然無味了。

有一次，柏林的警察找到鄧肯說：「您帶來的這些希臘孩子經常半夜裡從窗戶爬出來，到那些下等咖啡店去找來自希臘的妓女。」

同樣，當他們抵達柏林以後，完全失掉了當初在酒神劇場演出時的那種天真爛漫的孩子氣，並且每個人都長高了許

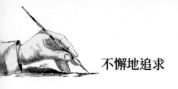

多。所以有一天，在經過多次苦惱的商議之後，鄧肯終於下決心把他們送上了開往雅典的火車。

此時，歐洲的倫敦、巴黎、柏林等大都會，在幕布、服裝等各方面模仿鄧肯的贗品，大行其市。

送走那些希臘孩子之後，鄧肯也就暫時打消了恢復古希臘音樂的念頭，轉而鑽研德國音樂家格盧克的音樂。

斯特拉斯家邀請鄧肯每星期去表演一次，使那裡成為了藝術界和文學界人士的聚集地。他們經常對跳舞的藝術進行探討、辯論。德國人很重視對藝術的探討，他們對此付出了極嚴肅的思想。

這時大家激烈辯論的中心議題就是鄧肯的舞蹈，報紙上也有不同觀點的長篇大論。

有一些文人和藝術家也經常到鄧肯家去，其中有一個年輕人，前額突出，眼睛在鏡片後面閃著光芒。他對鄧肯說：「我的使命，就是要把尼采的天賦顯示出來。你只有藉著尼采，才可以把你所追求的舞蹈藝術完全表現出來。」

鄧肯聽取了他的意見，從此他每天下午都到鄧肯家中把德文的「超人」講給鄧肯聽，一邊講一邊解釋。鄧肯慢慢地被尼采的哲學侵占了全部精力。因此，雖然經理一直勸她到各處表演，以使觀眾保持對她的熱情，而且還可以有上千馬克的收入，但鄧肯卻無動於衷。

　　在鄧肯的心中，一直有一個理想，就是研究、創造出當時尚未有過的一種舞蹈，並開辦她的舞蹈學校，把這種藝術發揚光大。她知道，人的一生是短暫的，如果不能集中精力和時間來追求自己的理想，那將遺恨終生。

　　經理跑進來哀求鄧肯，並讓她看那些歐洲到處都有人模仿她跳舞的消息。鄧肯對這些消息付之一笑，她不想去爭什麼專利、產權，也不想發表什麼嚴正聲明。她決定，把整個夏季的一切空閒都用在傾聽貝多芬和華格納，她決心探訪他們音樂的源泉。

　　那天，有一個儀態端莊的女人來到她的寓所，她就是華格納夫人科西瑪·華格納。科西瑪是一位極有才智的女子，亭亭玉立，儀態端莊，秀眸流盼。她對於各種哲學思想都有很深的研究，而對華格納，那就更是了解到了每一樂句、每一音符。

　　她向鄧肯暢敘了許多華格納的往事，並鼓勵鄧肯說：「他討厭芭蕾舞的動作和服裝，迷醉於酒神節的歌舞。他最喜歡看鮮花一般的女孩跳舞了，你正是他所期待的理想形象。可惜，你來遲了，伊莎朵拉，他要能看上一眼你的舞蹈，不知會有多高興呢！」

　　科西瑪邀請鄧肯來拜律特表演，並且在這次表演的時候，也去表演華格納的歌劇《唐懷瑟》。

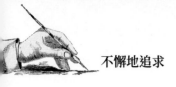

　　鄧肯一時有些為難，因為歌劇芭蕾舞，一直與她的跳舞思想背道而馳。她一直認為芭蕾舞這種機械粗俗的舞姿傷害了她心中的美感。

　　不過，鄧肯還是誠懇地對科西瑪說：「如果我的舞蹈學校辦成了，我就能夠把華格納理想中的那些女仙、牧神、半人半羊女神、三女神等都帶到拜律特來，一一表演給你們看。但現在只有我一個人，可能無法實現。但我肯定會來的，我盡量展現出三女神那種溫柔美雅的動作，讓你們欣賞到酒神和花女的跳舞。」

　　在春光明媚的 5 月，鄧肯來到了拜律特，下榻於黑鷹旅館。其中的一間寬敞得足夠練功，便在裡面放了一架鋼琴。

　　她每天都收到科西瑪的一張便條，邀請她去吃午餐或晚餐，或者晚上到汪弗裡德別墅去玩。她的款待盛情已極，每天去那裡赴宴的至少有 15 個人。客人中間包括德國的大思想家、藝術家和音樂家，常常還有來自各國的大公和公爵夫人，或者皇親國戚。

　　鄧肯來到了科西瑪居住的汪弗裡德別墅，從書房的窗子可以看到外面的大花園，那裡也是理查·華格納的墓地。用完午餐後，她們手牽著手在墳墓的旁邊散步。鄧肯盡情地跳了兩個小時舞，她看見科西瑪的眼眶裡淚水盈盈，在陽光下，彷彿一顆顆晶亮的音符。

鄧肯穿著小的白舞衣，加入這許多著名的藝術家的團體中。此時，她仔細研究華格納的《唐懷瑟》這部歌劇：劇中表現了一個狂醉者熱烈的慾望，唐懷瑟一直沉浸在濃濃的醉意之中。歌劇最短的一段半人半羊仙以及水女仙、愛神等，都是華格納最後的靈魂展示。

鄧肯從早到晚都完全陶醉在音樂裡，她每次都參加在那個紅磚的宮廟裡的練習，準備著第一次的正式表演。她不但練習《唐懷瑟》，還研究了《尼伯龍根的指環》、《帕西法爾》等。為了能夠深入地理解歌劇的精神，她把這些神話都深深地印在腦子裡，一直感動於華格納歌劇的音樂中。

鄧肯渾然忘卻了身外的世界，所有外部世界都變成了模糊的、虛無的，而只有她的舞蹈、神話才是真實的。

與黑格爾一見如故

自從結束與「羅密歐」的戀情之後，鄧肯兩年來一直過著一種聖潔的生活，起初她完全沉醉在希臘，現在則是華格納。

黑鷹旅館非常狹小擁擠，鄧肯住得很不舒服。母親和姐姐都正在瑞士避暑，鄧肯只有一個人在拜律特。雷蒙德在雅典繼續房屋的建築工作，他不時給鄧肯打來電報：「自流井的工程進展順利，下週就肯定會取到水了。妳再匯些錢來。」

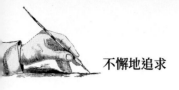

鄧肯有了些錢，她想在拜律特買一所大些的房子。有一天，鄧肯正在密米退基附近的一個花園散步，忽然看到了一棟修建得很精緻的石頭房子。這是一座古老的狩獵別墅，裡面有非常寬敞、比例勻稱的起居室，有古老的大理石臺階通向浪漫色彩的花園。它年久失修，破舊不堪，有一大家子農民已在那裡住了大約 20 年。

鄧肯與他們商量，花了大價錢買下了這所房子。然後又請來木匠、漆匠，將裡面粉刷一新，又塗上了一層淡綠色的漆。鄧肯不辭辛苦，親自跑到柏林，買回了長沙發、墊子、柳條椅和大量的書籍。

母親和姐姐還沒回來，鄧肯和她的朋友瑪麗·德斯蒂住在那所寬敞的石頭房子中。因為這裡沒有僕人的睡房，男僕和廚師則住在附近的一家小旅館裡。鄧肯為這所「新」房取名叫「菲利浦靜廬」。

一天半夜，瑪麗叫醒鄧肯：「伊莎朵拉，我不是有意嚇你啊，你來瞧瞧，那裡，在對面的樹下，每晚這個時候，總有個男人望著您的窗戶。我怕是個居心不良的賊，在打你的壞主意。」

鄧肯一看，確實有一個瘦小的男人正站在樹下朝她的窗子張望，在空曠的夜裡彷彿就是一個影子，令人心悸。她不由大吃一驚。

　　但就在此時，月亮突然露了出來，一下子照亮了他的臉。

　　瑪麗和鄧肯兩人都看清了，那是音樂家、傳記作家海因里希・索德仰起的興奮面孔。瑪麗悄聲說道：「每天晚上他都這樣在那裡站著，得有一個星期了。」

　　鄧肯讓瑪麗在屋裡等著，然後在睡衣外面套上一件外衣，輕輕地走出了房間，徑直朝索德站的地方走去。

　　「親愛的好朋友，你這樣愛我嗎？」她問道。

　　「是的，是的，妳就是我的夢想，妳就是我的聖克萊瑞。」

　　當時鄧肯不明白這是什麼意思，後來索德告訴她，他正在寫他的第二本傑作，是關於聖弗朗西斯的。他的第一部著作寫了米開朗基羅的一生。索德像其他偉大的藝術家一樣，會沉浸在他的作品創造的世界裡。在那時，他把自己當成了聖弗朗西斯，而把鄧肯想像成了聖克萊瑞。

　　鄧肯把索德慢慢地引上臺階，進入屋子裡。索德好像在夢中一樣，眼中充滿光輝與懇求，凝望著鄧肯。

　　鄧肯在與他的對視中，忽然覺得精神振奮起來，她此前就感覺過如此令她狂喜的戀愛。不由倒在索德的手臂裡。

　　索德吻著鄧肯的眼睛、額頭，不過這不像是世俗的欲情，索德嘴裡不停地呢喃著：「我墜入熱烈的愛情中，我墜入熱烈的愛情中。」

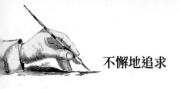

　　索德對鄧肯的愛是毋庸置疑的，他有著強烈的情感衝動，卻沒有絲毫的肉體衝動。他的愛純粹是讓鄧肯在舞蹈中達到肉體和精神愉悅的高潮。他是鄧肯的挖掘者，他讓蘊藏在鄧肯身上的藝術之源汩汩而出；他又是鄧肯的超升者，他使鄧肯的靈魂霞光萬丈，飛入九重雲霄。

　　每晚索德都到「菲利浦靜廬」來，他從不像一個情人那樣對待鄧肯。只是以一種專注而覺悟的目光凝視著鄧肯，帶著鄧肯在精神的愛情中達到快樂的最高點。

　　索德的意志很堅強，他能夠在與鄧肯這種高度戀愛的快感中，突然把她的注意力轉移到純粹的理智方面。每天，他把《聖弗朗西斯》的底稿帶一些來，寫完一章就給鄧肯讀一章聽。而且也為鄧肯完整地讀但丁的《神曲》。

　　這種朗誦有時會通宵達旦，每當日出的時候，索德就像喝醉了酒一樣，蹣跚著離開。他陶醉在自己那種超越神聖的理智中。

　　有一天，當索德清晨再次離開「菲利浦靜廬」時，突然驚恐地抓著鄧肯的手說：「我看到華格納夫人正向這邊走過來了！」

　　確實，科西瑪來找鄧肯了。她臉色蒼白。

　　昨晚她一夜都沒睡好，因為前天晚上，鄧肯在《唐懷瑟》劇中的三女神增添了一些意義，兩個人為這個問題互不

相讓，爭執起來。鄧肯今早看到她這個樣子，還以為她在生氣呢！

科西瑪用激動得發抖的嗓音說：「我昨晚在華格納遺留下的紀念物中，找到一個小記事簿，裡面的東西還未發表過，上面闡述了女神跳舞的情況。因此，我等不到天亮就來找妳。我承認，我錯了，親愛的伊莎朵拉，妳的確是得到華格納先生的靈感了。這上面寫的，與妳的直覺是一樣的。從此妳可以在拜律特自由處理這段舞蹈，我不會再在創作中干涉你。對了，妳能否嫁給西格弗里德·華格納，同他一起繼承大師的傳統？」

鄧肯聽她突然轉換話題，不覺一愣：「夫人，西格弗里德是我的兄弟，我們的結合並不能展現出更多的價值，像現在這樣，不是更好嗎？」

科西瑪疑惑地問：「妳難道有男朋友了嗎？」

鄧肯含糊其辭地說：「這個問題我無法回答，因為我和許多男性都保持著十分友好的關係，包括西格弗里德，他們都是我的朋友。我知道您所說的意思，我一直想在舞蹈上有些作為，沒有考慮過那些瑣事。」

科西瑪理解地點了點頭：「你是個好孩子，伊莎朵拉。哦，最近對大師的作品有何體會？」

鄧肯這些天一直徜徉在華格納的音樂海洋中，她的整個

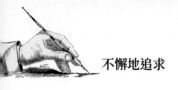

精神都被它所占領，這時她忽然說：「我發現了大師一個錯誤，這個錯誤與他的天才一樣巨大。」

科西瑪用異常驚恐的目光注視著她：「大師會有錯誤？是不是你的誤解呢？」

鄧肯以青年人那種極端自信的態度說：「不，我想了很久。我認為，他宣揚的那種『音樂劇』完全是不可能的東西。」

科西瑪顫慄著說：「這可是大師的畢生追求呀！」

鄧肯繼續解釋說：「大師的追求很痛苦，因為他必定徒勞無功。戲劇是說出來的言辭，它產生於人的頭腦，而音樂是熱情的抒發，它來自人的心靈，這兩者是走不到一起的。頭腦總是在嚇唬、欺騙心靈，它們是一對冤家。」

她說出了這樣激烈詆毀華格納的話，注意地看了科西瑪一眼，見她在仔細聽著，就繼續說：「我們必須先說話，然後唱，然後再跳舞。說話由腦筋出發，這是理智的，唱歌是根於情緒，而跳舞則是一種酒醉的癲狂，把一切都淹沒了。這三種東西。彼此混合起來是不可能的，所以歌劇是絕對不能成立的。」

科西瑪沉默良久，懇求道：「孩子，你千萬別對其他人說這些話，尤其是報界。我們要維護大師的尊嚴。」

鄧肯誠懇地說：「我理解您的心情。但每個人都會犯錯

誤，大師也是人。為尊者諱只會汙損大師本人。」

一個雨天的清晨，鄧肯乘了一輛雙套敞篷馬車趕到了拜律特火車站，她來接一個人。他就是德國博物學家黑格爾。當時，這是一個讓人聞之一悚的名字，他的大著《宇宙之謎》由於捍衛和發展了達爾文主義，而受到神學家、唯心主義者們的猛烈攻擊。

鄧肯在倫敦大英博物館認真讀過這本書，黑格爾對宇宙間各種清楚透徹的解釋，使鄧肯對這位偶像摧毀者深懷敬意。於是就寫了一封信給黑格爾，表示自己感激他的著作對她的影響。

黑格爾對這封信很是在意。後來鄧肯在柏林跳舞的時候，黑格爾就回了封信給她。

言行放肆的黑格爾，由於被德皇逐放，無法到柏林去，就與鄧肯保持著通信。鄧肯來到拜律特後，就寫信邀請黑格爾來觀看自己的表演。黑格爾走下車來，雖然已經 60 多歲，但高大的身體依然挺直，鬚髮皆白，穿著寬鬆得離譜的衣服，手裡提著一個呢絨袋子。與鄧肯一見面，就親熱地擁抱了她，使鄧肯倍感親切。

黑格爾就住在「菲利浦靜廬」，鄧肯特意為老人裝了許多花，然後又興奮地跑去告訴科西瑪：偉大的黑格爾來了！成了她的上賓。

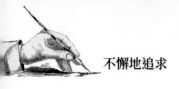
　　但科西瑪作為一個虔誠的天主教徒，對這位探索「宇宙之謎」而崇尚達爾文自然主義的人，當然不會表示出特別的熱情。鄧肯以坦率真誠的口吻向她解釋了黑格爾的偉大以及她對他的敬佩。科西瑪才極不情願地在包廂裡為黑格爾留了一個位子。

　　當天下午表演中間休息的時候，鄧肯與黑格爾攜手散步，一個穿著希臘式的舞衣，露著雙腿，赤著雙腳，一個身材魁梧，穿著奇怪膨脹的長服，觀眾們看了都感到又驚訝又有趣。

　　黑格爾面對著鄧肯表演的《帕西法爾》，並沒有表現得多麼熱情。演到第三幕的時候，鄧肯才醒悟過來，黑格爾作為一位自然主義者，他的頭腦太科學了，神話魔力和舞蹈熱情不能感動他。在他看來，藝術只不過是自然進化的另一種表現形式。

　　科西瑪的別墅並沒有設宴款待黑格爾。於是鄧肯專門為黑格爾舉行了盛大的歡迎會，良辰美景，賢主嘉賓，在座的都是一些頭面人物，有正在拜律特訪問的保加利亞國王斐迪南、德皇的妹妹薩克斯梅林公主、柔斯的亨利公主及索德、漢帕丁克等人。

　　席上，鄧肯作了一篇演講，盛讚黑格爾的偉大思想，並表演了舞蹈。黑格爾發表了獨具一格的評論。他說：「鄧肯的

舞蹈同一切普遍的自然真理有密切的聯繫，這正是一元論的一種表現形式，它與一元論來自同一個源泉，往同一個方向進化。」

接著，著名男高音歌唱家馮‧巴利唱了歌。他們一起用晚餐，宴會進行了整個通宵，直到天亮時，黑格爾仍然高興得像個孩子一樣。上午，黑格爾毫無倦意，他請鄧肯與他一起去爬山。

在爬山的時候，黑格爾不停地對路上的每塊石頭、每棵樹，甚至所見到的任何東西發表一番見解。他們登上山頂，黑格爾傲然獨立，就像一位俯視大地的天神一般。

有一天晚上，斐迪南國王陛下來到了「菲利浦靜廬」，他與鄧肯一起討論古希臘的藝術。鄧肯說起了自己恢復古希臘藝術的理想，越說越興奮，並把自己夢想著創辦自己的舞蹈學校的理想也告訴了斐迪南。

斐迪南聽了之後，贊同地說：「這個主意妙極了，你一定要到黑海之濱，我的宮殿裡來辦你的學校。」

像任何一件新生事物一樣，伴隨著成功的，總會有非議的聲音。

有一些則把「菲利浦靜廬」說成了「邪惡的殿堂」：「那麼柔軟的沙發床，高質料的墊子，玫瑰色的吊燈，可就是沒一把椅子。那個叫馮‧巴利的嗓門特高的什麼歌唱家，整晚

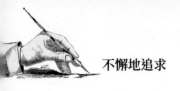

都窩在那裡唱啊跳啊，發神經！你說，除了唱啊跳啊，他們總得休息，那休息又坐在哪裡呢？沒有一把椅子，還不是在床上！」

甚至還有謠言說：「那個保加利亞的斐迪南國王，見了鄧肯就樂不思蜀，賴在拜羅伊特不回去了，只怕還會申請德國國籍呢！他每次都深更半夜地跑到『菲利浦靜廬』去，難道真的是極其純真地討論藝術嗎？討論藝術偏要半夜去嗎？」

又有人神祕兮兮地說：「還有，她和幾個青年軍官一起去騎馬，穿著長衫和涼鞋，鬢髮在風中亂飛，活像一個女妖。有一回，那匹馬見自己背上坐了個女人，就胡鬧起來，狂奔亂跳，嚇得女人尖叫。它跑到一家小酒館門口又四蹄釘地，再怎麼也不肯走了，讓那女妖出盡了洋相，哈哈哈！」

更多的人批評鄧肯跳舞時的穿著：「跳舞的時候更不得了，老是穿一件圖尼克長衫，透明得就像一面鏡子。大家都有一雙眼睛，誰瞧不見？這不是，連那個最喜歡她的華格納夫人也看不下去了，派她的女兒把一件襯衫送到了女妖的化妝室，央求她穿在那層薄紗下面。」

鄧肯不在乎別人怎麼說。她知道，她置身於所謂的傳統之中，她置身於所謂的時代之中，她置身於所謂的社會之中。向她挑戰的，並非不良用心，而是強大的習慣勢力，是一種集體無意識的抵拒。

　　緊張之餘，她平添了戰鬥的勇氣和勝利的信心：「新事物如果遇不到舊勢力的阻遏，那就不過是舊的變種，或者，是毫無生命力的新事物，好比溫室裡培育出來的幼苗。」

　　夏季漸漸過去了，索德離開拜律特，正在德國各地巡迴講演，鄧肯也為自己安排一次德國全境巡迴演出。她離開了拜律特。

　　旅行演出的第一站是海德堡。在那裡，鄧肯聽了索德對學生的講演。他用時而柔和、時而激動的聲調向他們談論著藝術，中途突然告訴學生們說：一個美國人給歐洲帶來了一種新的美學形式。

　　他的誇獎使鄧肯感到幸福和自豪，不由得渾身顫抖起來。那天夜晚，她為大學生們表演了舞蹈。他們排成長長的隊伍在街上遊行。鄧肯和索德並肩站在旅館的臺階上，一起分享他的勝利的喜悅。

　　海德堡的青年們崇拜他。每家商店的櫥窗裡都陳列著他的照片，另外都擺著伊莎朵拉的那本書《未來的舞蹈》，他們兩人的名字總是並列在一起。

　　巡迴演出結束後，經理與鄧肯簽訂了去俄國旅行表演的合約。

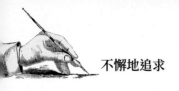

首次進行俄國之旅

1905 年，鄧肯第一次嘗試俄國之旅。從柏林到聖彼得堡只有兩天的路程，但從經過邊境那一瞬間起，鄧肯感覺好像進入了一個完全不同的世界。從那以後，那廣漠寒冷的雪地，似乎把她滾熱的腦子冷卻下來了。

那天夜裡，在臥鋪車廂裡，鄧肯夢見自己從窗子裡跳了出來，赤條條地掉進雪中，掉進了雪的冰冷懷抱，打著滾，最後凍僵了。

冷，白，遼闊無邊，光芒耀眼的雪啊！

微弱的燈光，呼嘯的風聲，童話中的小木屋。貧窮，像一個凍得不能動彈的冰球，壓在廣袤的土地上。

火車一直在風雪中徜徉，晚點了 12 小時，到達聖彼得堡已是 1 月 6 日凌晨 4 時。攝氏零下 10 度，這在聖彼得堡很正常，但鄧肯可是第一次體驗。

鄧肯剛到俄國就目睹了一幕慘劇：旅客都走光了，車站空無一人。鄧肯只好雇了一輛單套馬車，向歐羅巴旅館駛去。經過阿拉里大街，鄧肯隱隱看見從遠處走來一支長長的隊伍，一個個身穿黑色衣衫，面色悽慘。隊伍正中是男人們扛著的十幾口棺材。

馬走得很慢，馬車伕不停地在胸口畫十字，嘴唇囁嚅著，發出彷彿不是人世間的聲音。鄧肯叫馬車伕乾脆停下馬

車，問道：「這是怎麼回事？」

「死者都是昨天在冬宮前面被槍殺的工人。他們去請求沙皇施捨麵包，可偉大的沙皇卻賞給他們子彈，而且，顆顆讓他們吃進去了。你看，他們都飽了，在這個冷酷的世界上，他們都受夠了，吃飽了，都升到天國去了。」

「那為什麼要趕在黎明前下葬呢？」

「因為在白天下葬會引起更大規模的騷亂，死者也將更多。這樣的情景是不能在白天讓全城人看見的。他們自己失去了親人，不想其他人再作無謂的犧牲。」

鄧肯被眼前的景象驚呆了，她渾身發抖，感到她的整個身體、思想和靈魂，都在變成一串一串的淚珠，滾滾而下。

鄧肯的眼淚在臉上凍成了一長串冰珠。這件事在鄧肯心中引起了很大的波動，並影響到她下半生的生活。

最後幾個悲哀的送葬者終於從他們身邊過去。馬車伕奇怪地回過頭來，望著淚水盈面的鄧肯，他又一次畫了十字，無可奈何地嘆了口氣，揚鞭策馬朝旅館去了。

鄧肯登樓進入豪華的房間，趴到了恬靜的床鋪上，獨自哭泣起來，一直哭到入睡。

歐羅巴旅館的房間寬敞無比，天花板高到極點。窗子是封死的，從不打開，空氣是透過牆壁高處的通風裝置抽進來的。鄧肯醒得很晚。演出經理人前來拜訪，送了幾束鮮花。

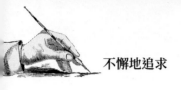

　　第二天，著名的芭蕾舞演員巴甫洛娃請鄧肯觀看了她的演出，並請鄧肯去看她的訓練。鄧肯靜坐在訓練館中，看著巴甫洛娃一刻不停地訓練了 3 個小時，非常驚奇。

　　巴甫洛娃的訓練是極辛苦的，好像是要把身體的鍛鍊與心靈完全隔斷開來，心靈與這種肌肉的訓練遠遠孤立著。這與鄧肯要創辦的舞蹈學校的理論完全相反，因為她是想要使身體的動作成為表現心靈的一種媒介。

　　巴甫洛娃在家裡舉行晚宴。鄧肯坐在兩位畫家列夫·巴克斯特和亞歷山大·別努阿中間，並且她第一次見到了俄國戲劇活動家謝爾蓋·達基列夫。她與他就她所設想的舞蹈藝術問題展開激烈的討論，鄧肯說出了她作為反對派對芭蕾舞的看法。

　　在晚餐上，巴克斯特為鄧肯畫了一張速寫：她的神情非常嚴肅，幾絡鬈髮感傷地垂在一邊。

　　巴克斯特還為鄧肯看了手相：「妳會獲得很大的榮耀，但妳會失掉你在人間最心愛的兩個東西。」弄得鄧肯一頭霧水。

　　吃罷晚餐，不知疲倦的巴甫洛娃又為朋友們表演了舞蹈。儘管大家離開的時候已經是清晨 5 時多了，但她還是邀請鄧肯：「如果妳想看我練功的話，上午 8 時再來。」

　　鄧肯空前地在 8 時就起來了，去參觀皇家舞蹈學校。在那裡，她看到排成一行行的小學生，一個個做著重複的練習，一連好幾個鐘頭踮著腳尖站立著。在她的眼中，這些孩

子受著非人的折磨，他們是一些經受殘暴的、不必要的嚴厲刑罰的犧牲品。在她的眼中，寬敞的、光禿禿的舞蹈教室毫無美感，也沒有靈感，簡直像是一間刑訊室。她比任何時候都更加確信，這所皇家舞蹈學校簡直是自然和藝術的敵人。

兩天之後，鄧肯在聖彼得堡的貴族劇場表演舞蹈，那些看慣了芭蕾舞的俄國的貴族們，現在突然看到這樣一個年輕的美國女孩，穿著一件薄薄的紗衣，以一塊純淨的藍幕布為背景，不由驚訝萬分。他們要看鄧肯是如何用她的舞蹈表現出她的靈魂，是怎樣理解蕭邦的靈魂的。

但當鄧肯剛剛跳完第一段舞，劇場裡就響起了雷鳴般的掌聲。

鄧肯在掌聲最熱烈的時候，驀然想起那一支送葬的隊伍，那馬車伕的聲音，再看看眼前錦衣玉食的貴族們臉上浮誇的笑容，鄧肯木然呆立，久久回不到現實中來。

俄國對鄧肯的接待規格是很高的。川流不息的人群前往鄧肯下榻的旅館，其中有米哈伊爾大公，著名芭蕾舞演員、沙皇的情婦瑪麗亞·克舍辛斯卡婭，俄國芭蕾舞的傳奇人物達基列夫，舞臺美術家列夫·巴克斯特和亞歷山大·別努阿，舞劇編導大師彼季帕等。

第二天，一位可愛的女士前來拜訪鄧肯。她身裹黑貂皮大衣，耳朵上掛著鑽石耳環，脖子上繞著珍珠。她就是著名舞蹈家金斯基，是代表俄國芭蕾舞團來歡迎鄧肯的，並且邀

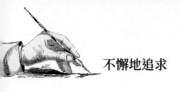

請鄧肯參加當天晚上歌劇院的遊藝晚會。

鄧肯感到非常驚訝。在拜律特，鄧肯受到的只是芭蕾舞劇界的冷淡和敵意。兩種態度截然不同，使鄧肯又驚又喜。

那天晚上，鄧肯跟隨金斯基，坐上一輛燒暖了的、墊了貴重毛皮的馬車，來到了歌劇院。坐進第一列包廂，裡面擺著鮮花、糖果，另外還有 3 位聖彼得堡英俊青年。鄧肯仍舊穿著那件小的白色圖尼克和涼鞋。

鄧肯一直反對芭蕾舞劇，認為它是一種虛假荒唐的藝術，甚至根本不能算在藝術之列。但是，當金斯基在舞臺上翩翩起舞的時候，她卻禁不住為她的美妙身姿鼓掌。金斯基仙女一樣在臺上閃著，根本不像一個凡人。

幕間休息時，鄧肯在包廂裡環顧四周，見到了世界上最漂亮的女人，穿著最美麗的袒胸露肩的晚禮服，渾身珠光寶氣，而穿著華貴制服的男人侍立於側。所有這些豪華排場，與頭兩天清晨看到的那個送葬的行列恰成對比。

演出結束後，金斯基邀請鄧肯到她的豪華府邸去用晚餐。在那裡，鄧肯再次遇到了米哈伊爾大公。當她講述起為平民百姓的孩子開辦一所舞蹈學校的計劃時，他顯得有些駭異。

在聖彼得堡過了一個星期以後，鄧肯到了莫斯科。這裡的觀眾對她起初不像聖彼得堡的觀眾那樣熱情。由於沒有預告鄧肯要來莫斯科的海報，因此，來看她表演的相當少。但

在這裡，她遇到了莫斯科藝術劇院的經理、不朽的史坦尼斯拉夫斯基。

史坦尼斯拉夫斯基觀看鄧肯的表演完全出自偶然，因為在此之前，他對鄧肯及其舞蹈知之甚少。但他發現，觀眾中卻有以馬蒙托夫為首的那麼多藝術家、雕塑家、作曲家、作家、畫家，還有那麼多的芭蕾舞演員，這令史坦尼斯拉夫斯基驚訝之至。他於是跟在這一大批人的後面來看鄧肯的首演。他從內心裡感到，那會是一個非同尋常的晚上。

第一個節目演完了以後，只引起了一陣不冷不熱的掌聲和怯生生的試探的口哨聲。但是，接連幾個節目演完之後，史坦尼斯拉夫斯基再也按捺不住了，他跑到臺前拚命地鼓掌，掀起了整個劇場的高潮。全體觀眾再也不能無動於衷了，大家一齊熱烈鼓掌，接著就多次要求她重複表演。演出結束時，劇場歡聲雷動，一片歡騰。

史坦尼斯拉夫斯基這位俄國最卓越的美學家、教育家、藝術家，像記者一樣緊緊地追蹤鄧肯的足跡，觀賞她的表演，向她詢問各種他迫切需要了解的問題。

「您的舞蹈是跟誰學的？」

「是歌舞女神教我的。我幼年時剛學會站立，就開始跳舞了，一直跳到現在。我的舞蹈就是要喚醒人們，整個人類、整個世界都必須舞蹈。過去如此，將來也永遠如此。如果有

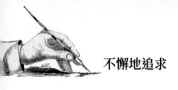

人干擾，不想理解自然賦予我們的這種天然需要，那是徒勞的。我要說的就是這些。」

「您除了必要的化妝，演出前還有別的準備工作嗎？」

「化妝是次要的。我的舞蹈不是做表面文章，而是精神力量的抒發，化妝務必服從於這一點。我從來不做無準備的演出，上臺前，我一定要把靈魂安上一臺發動機。但是，如果我沒有這臺發動機，我就不能跳舞。這臺發動機能使我在舞臺上，不僅手、眼舒展自如，還能讓雙目放光，面部、頭髮，乃至全身都籠罩在一種光環裡。」

「您怎樣看待俄國的芭蕾舞？」

「我參觀了貴國芭蕾舞皇后巴甫洛娃的訓練，她確實有令人驚羨的絕活，但那不是舞蹈，而是雜技。她訓練、表演時毫無表情，動作則讓人想起鋼鐵和橡皮，這種脫離心靈的肉體訓練是痛苦的。我最失望的是貴國的皇家舞蹈學校，那麼小的孩子，一連幾個鐘頭踮著腳跟站立，像接受刑訊的犯人。這種折磨將摧毀孩子們一生的美感。你不要小看這一點，倘若他們今後又用這一套方法去訓練他們的下一代，那就不是關係到個人，而是關係到民族和人類了。」

在訪問莫斯科之後，鄧肯又對基輔做了短期訪問。一群群學生站在劇院門口的公共廣場上，不讓她過去，非要她答應舉行一次表演。因為在劇院的演出票價太貴，他們買不起。

當鄧肯離開劇場以後，他們還站在那裡發洩對演出經理人的不滿。鄧肯站在雪橇上向他們講話。她說：「如果我的藝術能夠鼓舞俄國的青年知識界，那我將非常自豪和高興，因為世界上沒有一個國家的學生，能像俄國學生那樣關心理想和藝術。」

鄧肯對俄國的第一次訪問，由於不得不履行原有訪問柏林的約定而中斷了。臨走以前，她簽訂了春天再來演出的合約。

儘管這次訪問為時很短，但給她留下了頗為深刻的印象。在俄國圍繞她的理想發生了不少爭論，有贊成的、有反對的。在狂熱的芭蕾舞迷和熱心鄧肯藝術的人之間，真像是進行了一次決鬥。

正是從那個時候起，俄國芭蕾舞演員甚至走得更遠，脫下了她們的舞鞋和舞襪。

而這更堅定了鄧肯的決心：一定要創辦一所自己的舞蹈學校！

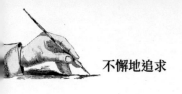不懈地追求

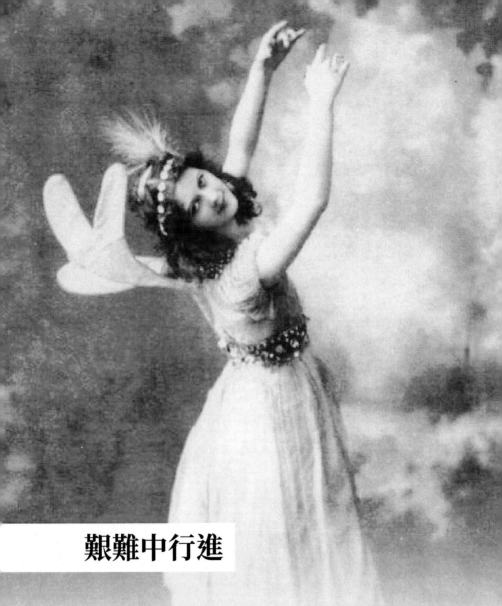

艱難中行進

異端？真好，你說得太準確了，我正是一名異端，
就讓我做異端吧！

—— 鄧肯

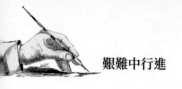

開始創辦舞蹈學校

鄧肯回到柏林之後，決意馬上創辦她夢想已久的舞蹈學校，再也不能拖延了！

她把自己的計劃告訴了母親和姐姐，她們也和鄧肯一樣熱心。並立即出去幫她找房子。鄧肯一直都是這樣，心中常常會莫名其妙地衝動，然後她就順從這種衝動行事。

在雅典建房就是這樣，現在，雷蒙德從希臘傳來了越來越令人吃驚的消息。開鑿水井花的錢與日俱增，昂貴不堪，成了填不滿的窟窿。找到水的可能性一星期比一星期渺茫。最後，他不得不放棄了努力，使得未完工的房子成為格班羅斯山上一片美麗的廢墟。

鄧肯現在決定集中所有的財力，為世界各地兒童開辦一所學校。她最終把學校地址選在了德國，因為當時她覺得德國是哲學和文化的中心。

一個星期之後，伊麗莎白在格呂內瓦爾德的陶登大街買了一棟新落成的別墅，裝修改造之後，又訂購了40張小床，每張床上面掛著白色細布帷蓋，用藍色緞帶繫著。

她們把這個別墅布置成好像格林童話中的兒童樂園。

在中央大廳的牆壁上，掛著希臘神話中亞馬遜女神的畫像，比普通人還要大一倍。

在寬敞的舞蹈室裡，有義大利雕塑家盧卡·德拉·羅比

亞所創作的但那梯羅的舞女們的浮雕像和義大利雕塑家多奈泰洛所創作的正在跳舞的兒童塑像。

在寢室裡，裝飾有藍色和白色的聖母和聖嬰，他們被花果編織的花環環繞著，這也是羅比亞雕刻的。除了這些兒童的圖像外，鄧肯在學校裡還安置了一些跳舞、奔跑或跳躍的青年斯巴達女孩的塑像。在斯巴達，女孩們要受嚴格的體操訓練，使她們堪為英雄戰士的母親。

這些精雕細刻的泥塑人像，表現的是每年獲獎的健步如飛的少女：她們紗巾飛舞，衣裳飄動，手拉手，在雅典娜跳舞，表現了鄧肯將來要達到的理想。這些都是用陶瓷燒成的塑像。

還有就是古希臘慶祝守護女神典禮中那些跳舞的少女。這都代表了鄧肯心中渴望達到的一種理想。

鄧肯想，學校的學生將漸漸學會由衷地喜愛這些塑像，會日益成長得越來越像她們，日益知曉舞蹈協調均和的祕密。並且，鄧肯還要使在這個學校的學生們，透過自己的學習與觀察，不僅限於學會藝術的形式，還要體驗大自然各種真實的活動。

他們在幾家大報上都刊登了招生消息，說鄧肯舞蹈學校是為了招收天才兒童而開辦的，目的是把她們培養成大眾藝術的信徒。希望所有有天才的孩子都到這裡來接受這種特殊的藝術訓練。

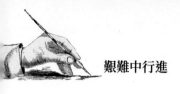

　　這所學校的確辦得有些莽撞，既沒有資金籌劃，又缺乏管理規章。這使鄧肯的經理人都快被氣瘋了：「我一直在張羅你的環球旅行，這可是一次天賜良機。你在希臘逗留一年已經耽誤了不少時間，現在又辦什麼學校。我告訴你，在倫敦、巴黎那些城市裡，有許多人盜竊你的舞蹈傑作，大發其財。你要學會保護自己呀，伊莎朵拉。」

　　但鄧肯對這些話不屑一顧。現在，她的學校高於一切。廣告一登出來，一批批兒童被父母帶著前來報名。有一天，鄧肯演完日場回來，發現街上擠滿了來報名的家長和他們的子女。

　　德國馬車伕回過頭來對她說：「那裡住著一個瘋女人，在報上登了一則廣告，於是一群群孩子都湧來了。」

　　鄧肯根本沒有選拔兒童的經驗和理論基礎。或許她是急於填滿那 40 張床，因此僅僅看見甜美的笑臉或漂亮的眼睛，就不加選擇，一股腦兒地收下了這些孩子。

　　安排學生課程，規定日常生活，把鄧肯整個時間都占滿了。她全身心地投入到學校中，每天勤勤懇懇地教這些學生跳舞。

　　15 時至 17 時進行體操訓練。這是形體美的基礎。鄧肯把孩子們拉到郊野，在河邊草地或森林裡舒展四肢和筋骨。她一邊看著學生的姿勢，一邊指導著：「就像風吹動樹枝一樣，你的眼睛看到你的內心深處，注意，往內看，那裡起風

了，在美的陽光下，藝術的和風徐徐吹拂，拂亂你的頭髮，拂動你的手、腳、腰肢，你隨風而動，翩翩起舞。動作要到位，不能中途而止，也不要勉強，順其自然。風吹到哪裡，動作就做到哪裡，你的意識、思維完全融進風裡去了。」

17時至19時的舞蹈練習，第一課是邁著步子向前慢走，和著簡單的節奏。首先極緩，幾分鐘才准跨出一步。鄧肯以此檢驗孩子們對音樂的感受能力，她要求同學們：「必須慢下來，慢得讓別人看不出你是在行走，而你的全部意念卻都在行走當中。接著，加快。在複雜的節奏中快速行進。最後，跑與跳夾雜，該跑時跑，該跳時跳。你自己就是一個音符，你的跑、跳、行走都有一種節奏，脫離了這個節奏，你的步伐就會亂，你的心裡也會跟著亂，舞蹈便無法進行。輕重緩急抑揚，如何達到最微妙的結構上的和諧，使身心合一，乃是你們在訓練中要達到的目的。」

鄧肯的學校偏向招收貧窮的學生。她說，天才被窮困埋沒是這個世界上最可怕的事情。

但事情往往會產生許多負面效應，每一次都得付出代價。鄧肯的學校也面臨著很大的難題，不僅僅是學費收入不高，而且學校幾乎變成了收容所。

窮還不怕，最大的問題是病。孩子們的身體狀況異常差。法國當時最好的外科醫生霍法嘆道：「您這裡不像是學

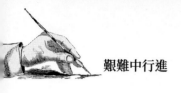

校，簡直就是一所醫院。這些學生都患有遺傳性感染。您會發現，您將不得不耗盡心血讓她們活下去，操心的程度遠遠超過您教她們跳舞。」

霍法醫術超群，名滿歐洲。他的診費也高得驚人，他從王公貴族、金融巨頭那裡賺得了大量資金，自己創辦了一所專門為貧苦兒童開設的醫院。現在，他又主動將鄧肯的「學校」納入了他醫院的範圍。鄧肯戲稱他是個收拾爛攤子的高手，他的回春妙手讓那些孩子們一個個健康成長起來。

孩子們有了驚人進步。鄧肯相信，她們良好的健康狀況要歸功於霍法醫生規定的非常合理的素食。他主張，對於兒童教育來說，無論如何也必須讓他們大量地吃新鮮蔬菜和水果，不要吃肉。

借了霍法的功德，鄧肯也由「瘋女人」一躍變成了全知全能的「聖女」。她在柏林大受歡迎，她的觀眾是懷著一種絕對宗教式的心醉神迷來看她的演出的。

人們對她的崇拜，甚至到了神化的程度。相傳，只要把病人抬進鄧肯正在演出的劇場，立馬痊癒。這樣，每一次日場演出，都可以見到擔架把病人抬進劇場的奇怪現象。有些重病人呻吟著「伊莎朵拉·鄧肯」的名字，而忙得不亦樂乎的卻是霍法醫生。

一天晚上，當她演出歸來的時候，一群學生從她的馬車上把馬卸下來，自己輓車把她拉到著名的凱旋大道上。

在林蔭大道中央，他們要求她發表演講。鄧肯站在敞篷馬車上，對這群熱情的學生說：「世界上最偉大的藝術莫過於雕塑。但是，你們這些熱愛藝術的，為什麼允許這些東西陳列在你們城市中心呢？你們看看這些塑像吧！你們都是研究藝術的學生，如果你們當真是藝術的忠實信徒，一定會在今天晚上拿石頭去把這些塑像砸掉！藝術？它們也算藝術？！不！它們只是德國皇帝的幻影！」

學生們同意了鄧肯的意見，高呼著表示贊同。如果不是警察來了，他們一定會按照鄧肯的指示，將柏林全城的德皇塑像砸得粉碎。

品嘗初為人母滋味

1905 年的一天晚上，鄧肯在柏林演出。但她似乎預感到，有一個奇遇在等著她。

儘管和平時一樣，她演出時從不注意觀眾。但她卻意識到在前排坐著個什麼特殊人物。她並沒有去看，或者看見那是誰，但她心理上感覺到這個人就在面前。

演出結束後，果真有一個長得很英俊的男子來到她的化妝室。

但是，他怒氣衝衝，大聲對鄧肯說：「妳的舞蹈非常出色！可是，妳幹嘛要剽竊我的構想？妳的布景是竊了我的。」

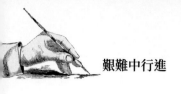

鄧肯反駁說：「您說什麼？這藍色幕布是我自己的，我發明它的時候才5歲。我從小一直都用這種背景來跳舞！」

那人說：「不！這是我的布景，我的構想！不過，您正是我想像的在這樣的布景中間跳舞的人兒！不可能有這麼一致，除非妳是我一切夢幻的活的化身。」

鄧肯反問道：「你又是誰？」

「克雷格。我母親也是一位像妳一樣真正的、優秀的女性，我是愛蘭·黛麗的兒子。」

鄧肯的眼前掠過一道強光：愛蘭·黛麗，這是她心目中最完美最理想的女人！她是莎士比亞的曠世知己，將莎劇中的女主角一個個演繹得淋漓盡致，在歐洲具有崇高的聲譽。

克雷格本人是當時英國最富有創造性的舞臺設計家，他的舞臺設計以其「象徵的詩意」而創立一個嶄新的流派，這位「渾身散發著火光和閃電」的中年人最早衝開了舊現實主義的樊籬，成為萊茵哈特、雅克·科波、史坦尼斯拉夫斯基的先驅者。

鄧肯的母親說：「啊，既然您對伊莎朵拉的舞蹈這麼感興趣，請您一定賞光到我家裡吃晚飯！」這還是母親頭一遭親自邀請一個陌生人到家裡吃飯。

她與克雷格滔滔不絕地談起了她的藝術理想。克雷格是一個才華出眾的熱血男子，他興奮之極，向鄧肯解釋著他對

藝術的全部理想，他自己的雄心壯志。描繪起他的藝術來，他眉飛色舞、比手畫腳。

克雷格身材挺拔，面貌極像他那完美的母親。近視鏡後的眼睛中蘊藏著灼人的熱情。周身卻有那麼點女人味，尤其那薄薄的嘴唇很是性感。

他對鄧肯說：「我是唯一發現您、創造您的人，您是屬於我的布景，我的布景。」

鄧肯迅速地墜入到與克雷格的愛戀之中。有一段時間，鄧肯晚上就住在克雷格的工作室裡，那裡沒有床榻，沒有桌椅，只得在地板上睡了兩個星期。

克雷格身無分文，鄧肯又不敢回家去取錢。想吃飯的時候，他就去賒購一餐飯，讓人送來。鄧肯躲在陽臺上，等到飯送來以後，再躡手躡腳地走進來與他一起吃。

鄧肯的母親急得團團轉，她找遍了警察局和大使館，說女兒被一個壞蛋拐跑了。鄧肯的經紀人更是不知所措。大多數觀眾都轉向別處了，誰也不知道發生了什麼事情。不過幾家報紙聰明地刊登了一條消息，說鄧肯小姐患了嚴重的扁桃腺炎。

兩週之後，鄧肯和克雷格才回到母親那裡，想找點吃的東西。克雷格受到了一生中最嚴厲的斥責：「滾！該死的騙子，給我滾出去！」

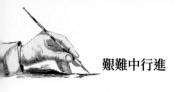

　　克雷格為人很風趣，他從早到晚都精神飽滿，並常常給人意想不到的喜悅。他興趣廣泛，充滿想像。

　　可是，他一開始工作，就回到冷靜、嚴肅之中，愛情所喚起的女性的溫柔看來已經成為克雷格這個工作狂的絆腳石。他面對著鄧肯的時候，越來越多地顯露出痛苦的表情，揪住自己的頭髮，對著鄧肯吼道：「妳是一個討厭鬼，只會干擾我的工作。我的工作！我的工作！該死的討厭鬼，妳煩不煩？」

　　鄧肯這時也想起了自己的學校，她的熱情和克雷格的藝術靈感簡直成了一對勢不兩立的天敵。

　　儘管克雷格比任何人都更欣賞她的藝術，但他的自尊心，作為藝術家的嫉妒心，根本不允許他承認一個女人的確能夠成為一個藝術家。

　　他常常說：「妳可以不繼續了嗎？老在舞臺上胡亂揮舞妳的手臂，沒有用的。妳應該賢慧地留在家裡，幫我削削鉛筆。伊莎朵拉，女人是不可能成為藝術家的，妳要相信這一點。」

　　鄧肯反駁說：「胡亂揮舞，你對舞蹈就是這樣理解的嗎？我留在家裡是賢慧，但舞蹈呢？對舞蹈就是一次殘忍的背棄。克雷格，你太自私了。我就是藝術家，而你不一定是，如果你抱著這麼庸俗的觀點。克雷格，我不只是你布景中的

一個人物，或者一種裝飾，我屬於舞蹈，舞蹈就是我的生命。你不能理解它就無法接受我！」

同時，他們的行為在社交界引起軒然大波。伊麗莎白為舞蹈學校組成了一個委員會，由一群貴婦人組成。當她們知道了鄧肯跟克雷格的風流韻事後，便送來一封信給她，以莊嚴的措辭表示譴責。

這些女人大大地激怒了鄧肯。於是，她借了愛樂協會的大廳專門作了一次講演，專講舞蹈是解放了的藝術，最後講到婦女享有自由戀愛和自由生育的權利。

一直以驚人的毅力忍受著種種艱辛的鄧肯母親，開始覺得生活非常沒有意義。也許是由於她的愛爾蘭人性格，對於成功不能像經受災難一樣堅毅，她的脾氣變得喜怒無常。她常常心情不好，什麼也不能叫她高興。從離開美國以來，她第一次開始表露出想念美國的情緒，並且說那裡的一切都好得多：食物，還有別的，哪裡也比不上。

母親這麼多年來，把精力全部獻給了自己的孩子們，而現在他們忙於各自的利益，離她也就越來越遠了，於是她覺得枉費了自己全部大好年華，卻沒有給自己留下任何東西。而且因自己年歲漸大，怕成為子女的拖累，這種變化無常的心情有增無減，她經常表示想回美國老家。

鄧肯和伊麗莎白姐妹倆把她送到了碼頭。她們含淚告

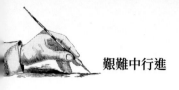

別。母親在甲板上看見鄧肯伏在圍欄上嘔吐不已。她大聲喊道:「伊莎朵拉,妳懷孕了,注意身體。」

鄧肯對懷孕溢滿了幸福的感覺。她渴盼著孩子降生後會帶給她快樂和勞累。

她仍然繼續在公眾之前跳舞,教她的小學生,愛她所愛的人。

但克雷格顯然對鄧肯的懷孕措手不及,他十分煩躁,坐立不安,嘴裡叫嚷著:「我的工作,我的工作。」

1906年的春天到了,鄧肯簽訂了一個合約到丹麥、瑞典、德國各處旅行表演。她不得不這樣做,因為學校的費用太大了。她把全部的儲蓄都用在了學校上,但仍然不夠。

在瑞典首都斯德哥爾摩,鄧肯受到了觀眾的熱烈歡迎。首演結束後,體育學院的女學生們送她回旅館,一路上在她的馬車旁邊跑著跳著,表達她們的歡樂。

鄧肯參觀了她們的體操學校,很不贊成她們的那種訓練方法,她覺得瑞典那種鍛鍊身體的方法,只是為靜止的呆滯的身體制定的,而沒有考慮到活動的身體。這是一種錯誤的方法,沒有顧及想像,把身體當成一個物體,而不是一種活力量。

她把她的觀點盡力解釋給學生聽。但是她們卻未理解她的理論。

在斯德哥爾摩成功地演出了一季以後,由於身體的原

因，鄧肯終止了她的演出，6月，匆匆看了看舞蹈學校後，鄧肯急於想到海濱去。她首先到了海牙，接著從那裡到了北海海濱的一個叫拉德維克的小村。她在那裡租了一所小別墅。

鄧肯以為生孩子是一個完全自然而然的過程。她搬到這間離最近的一個城鎮都有100多公里的別墅裡，而且只請了一位鄉村醫生為生孩子做準備。

時間慢慢地過著，鄧肯完全一人獨自生活，不會見客人。每天在海濱散步。

她一直渴望見到大海，現在一個人住在小小的白色別墅裡，美麗的鄉村兩側是連綿數公里的沙丘。

晚上，鄧肯躺在床上，感覺著肚子裡胎兒的活動，回味著夾雜在陣痛中的甜蜜。

她現在有時間就回想自己少年時、青年時在異國的漂泊，還有對舞蹈藝術的發展。

鄧肯獨自以大海、沙丘和肚子裡的孩子為伴。她從6月一直住到8月。期間，一直是姐姐代她負責管理著舞蹈學校。

7月間，她在日記本上寫下了學校教學的各種設想，還編出了一整套500多個練習，這些練習包括從最簡單到最複雜的正規舞蹈動作。

母親因為不能接受女兒不結婚便生孩子的事實，因此也沒有來幫忙鄧肯。

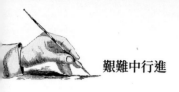

8月間，鄧肯非常好的朋友瑪麗‧德斯蒂前來看護她。鄧肯從來沒有遇到過這樣耐心、和藹、好心腸的人。瑪麗給了她莫大的安慰。

9月分的一天下午，陣痛持續了兩天兩夜，依然不見動靜。那位鄉間醫生在邊上等不住了，他一不做，二不休，拿了一對大夾鉗，麻藥都不用，就把嬰兒強行拽出。

在這次經歷中，鄧肯險些喪生。經過生與死的掙扎，她終於享受到了為人母的快樂與甜蜜。這是一個女孩，有著一雙與愛神一樣的藍眼睛，棕色的頭髮。

孩子的到來使鄧肯忍受了一切，也忘記了一切。在最初的幾個星期內，鄧肯總是靠在床上，把孩子摟在懷裡，久久地側躺著，看著她睡。從這可愛的嬰兒凝視母親的目光中，鄧肯覺得非常接近生命的玄妙邊緣，領悟到生命的奧祕，也許是生命的知識。

鄧肯的全部心靈都被一種偉大的愛占據著，這就是宇宙間最偉大的愛 —— 母愛。

身體恢復正常後，鄧肯帶著女兒和瑪麗‧德斯蒂一起回到了格呂內瓦爾德的舞蹈學校。學校裡的女孩們看見了小寶寶都高興得不得了。鄧肯對伊麗莎白說：「她是我們最小的學生。」

克雷格給他們的女兒起了個愛爾蘭名字迪爾黛莉，是「愛爾蘭所愛」的意思。

巡迴演出回到祖國

女兒的出生，彌補了一些鄧肯與克雷格之間的裂痕。鄧肯一邊帶孩子，一邊力撮克雷格和著名舞蹈家埃莉諾拉‧杜絲合作。她認為，最富創造性的舞臺設計家與最有活力的舞蹈家的聯手，一定能給舞蹈事業拓展更加廣闊的前景。

但是，在克雷格和埃莉諾拉‧杜絲的相處中，更多的卻是爭吵與不愉快。雖然鄧肯的極力斡旋使局面一度有所改觀，但固執的克雷格和孤傲的杜絲還是一拍兩散。

鄧肯在德國的學生們現在已經跳得相當不錯了，這更堅定了鄧肯的信仰，要完成一個諧樂的舞團，這種舞團的形式，要吻合著諧樂的聲音。但是隨著時間的推移，學校卻步履維艱，開支越來越大造成資金匱乏。

鄧肯不得已之下，就想把她們帶到各國旅行表演，看是否能有哪國政府認識到這種兒童藝術教育的光明前途，進而大規模地推廣這種教育計劃。

每次表演之後，鄧肯都會做公開演講，請他們幫助，能使自己的計劃得以實施，進而給更多的人的人生帶來光明。而鄧肯也漸漸明白，在德國她是得不到幫助的，保守的德國皇后容不得新生事物的萌芽。

德國皇后去參觀雕塑家的工作室時，總要派她的御前侍衛在她駕到前把那些裸體雕像全部用布遮蓋起來。她對於鄧

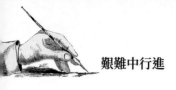

肯所創造的盡情展示人體之美的舞蹈極不贊同，更不喜歡鄧肯經常穿著極薄的舞衣、赤著腳在臺上表演。

恰在這時，聖彼得堡一位演出經理向他們發出邀請。他問鄧肯是否準備重登舞臺，並且表示要跟她簽訂一個在俄國巡迴演出的合約。當初在俄國的表演非常受歡迎，並且在那裡賺了很多錢。她想在聖彼得堡或許有發展她的舞蹈學校的可能。

1907 年 1 月，鄧肯同姐姐伊麗莎白帶著 20 個學生一道去了聖彼得堡，希望奇蹟能在沙皇統治下的俄國發生。

這次旅行對鄧肯來說是難受的。第一次與孩子分離，令她黯然神傷。她的健康狀況不怎麼好，嬰兒又剛剛斷了一半的奶，不得不用吸奶器把乳汁從乳房裡吸出。鄧肯為此掉了許多眼淚。

俄國觀眾一如既往熱情地接待了她，不計較演出中出現的毛病。在跳舞的時候，奶水經常順著舞衣流下來，搞得她狼狽不堪。鄧肯流著淚長嘆：女人要做一番事業是多麼艱難啊！

這次試驗沒有成功。她們的全部信心，來自於史坦尼斯拉夫斯基。但是，皇家芭蕾舞劇團在俄國根深蒂固，難以動搖，任何變革都是不可能的。

在俄羅斯巡迴演出過程中，鄧肯一心惦記著回佛羅倫薩。因此，她盡量縮短巡迴演出的期限，並且接受了到荷蘭

巡迴演出的合約，因為這樣可以離她的學校、離她渴望重逢的人們更近一些。

到達阿姆斯特丹登臺演出的第一天，一場病把她的身體搞垮了。演出結束時，她撲面跌倒在臺上，被抬回了旅館。她在旅館裡躺著，人們幫她裹上冰袋。

她躺了好些日子。在幾個星期裡，她什麼也不能吃，只是喝一點摻麥片的牛奶，一陣一陣昏迷不醒，最後不省人事地睡去。

母親趕來跟她做伴。瑪麗也帶著小寶寶來了。孩子很健壯，長得一天比一天漂亮。她們搬到沙隆山去住，在那裡可以一面眺望大海，一面仰望山巔。

這段時間，鄧肯的身體逐漸恢復了。但生活的擔子比過去更重，經濟空前困難。為了解決困難，鄧肯必須盡快回到荷蘭去巡迴演出，雖然她感到身體很虛弱，精神也很沮喪。

而且鄧肯這時也意識到，她和克雷格的分離不可避免了。和他一起生活，就是放棄她的藝術、她的個性，也許還得斷送她的性命，喪失她的理智。鄧肯陷入深深的痛苦之中。

1908 年夏天，鄧肯又帶著她的學生去了倫敦，在著名的歌劇經理舒曼和佛那曼幫助下，在雅克公爵戲院裡，表演了好幾個星期。

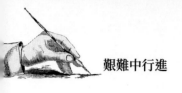

演出的效果倒是相當不錯，倫敦的觀眾也認為她的舞蹈和她的學校是一種相當有趣的娛樂，但在辦學校方面，卻不肯給她實際的幫助。

錢又花光了。鄧肯只得又把她的學生帶回學校。

隨後，鄧肯和經紀人簽訂了一個去美國演出的合約。這樣，她必須離開自己心愛的小寶貝迪爾黛莉，小傢伙快 2 歲了，金髮碧眼，胖乎乎的。這對於她實在是非常痛苦的。

鄧肯站在遠洋巨輪的甲板上，自從一家人搭乘牲口船離開紐約以來，已經 8 年過去了。鄧肯已經馳名歐洲。她創立了一種藝術，一個學派，還創造了一個小寶寶，成績不壞。然而，就經濟情況，她卻並不比以前富裕多少。

這一切，不是命運的安排，也不是定數使然，而是漫漫求索的合乎邏輯的結果。

鄧肯不由想道：「母親說過：『上帝是大人假扮的。』我也是大人了，我也可以扮作上帝，不，我就是上帝。」

然而，1908 年 8 月，鄧肯不得不在炎炎夏日裡登臺表演，作為百老匯的精彩節目，卻是在一支又小又不頂用的樂隊的伴奏下，表演格魯克的音樂和貝多芬的第七交響曲。結果不出所料地徹底失敗了。

本來少得可憐的觀眾都陸續退出了演出大廳。他們不認為舞蹈不好，但是覺得沒必要為了看舞蹈而耽擱自己的事，

比如做生意、打工、賭博等。

鄧肯感到，回到自己原本的國家來實在是一大錯誤。一天晚上，她正坐在化妝室裡，心情格外沮喪，這時聽到一個親切悅耳的聲音向她祝賀。她抬頭一看，一個人正站在門口，他個子不高，一頭棕色鬈髮，滿面笑容，和藹可親。

他熱情地向鄧肯伸出手，說對她的舞蹈很有好感，說他對鄧肯的藝術產生了極好的印象。他就是美國著名的雕塑家喬治·格雷·巴爾拉德，他以雕塑亞伯拉罕·林肯而青史留名。

巴爾拉德誠懇地說：「伊莎朵拉·鄧肯，妳是青年美國的象徵。你的舞蹈就是美國在舞蹈。美國人不理解只是暫時的，不要離開。我總有一天要讓美國人明白，鄧肯的舞蹈就是我們自己的舞蹈。」

鄧肯被巴爾拉德深深地感動了，她沒有聽從經紀人的勸告返回歐洲，而是繼續留在了美國。本來弗羅曼看到在百老匯演出失敗慘重，便試圖安排她到一些小城市去巡迴演出。但是，這次巡迴演出也安排得很不好，結果比紐約的演出失敗還要慘。

弗羅曼說：「美國不了解你的藝術，你的藝術遠遠超出了美國人的接受能力，他們永遠不會理解你的藝術。你最好還是回歐洲去吧！」

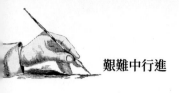
此後，巴爾拉德每天晚上都來觀看鄧肯跳舞，還來了許多藝術家、詩人和其他朋友。這些人中有舞臺演出人戴維·貝拉斯科、畫家羅伯特·亨利、喬治·貝洛斯、珀西·麥凱耶、馬克斯·伊斯特曼，格林威治村青年革新派簡直可以說全部都來了。

另外，來人中還有形影不離的 3 位詩人：埃德溫·阿靈頓·羅賓遜、里奇利·托倫斯和威廉·沃恩·穆迪。這些詩人和畫家們向鄧肯表示的友好祝賀和熱情鼓勵，大大地振奮了她的精神，抵消了紐約觀眾的冷淡無情。

巴爾拉德為鄧肯找到了一個人就解決了所有的問題。那就是僑居美國的德國作曲家、指揮家華特·丹羅希。

他是紐約交響樂團的音樂指導和首席指揮。他對鄧肯說：「我看過了你的那場演出，主要是效果沒出來，問題出在樂隊上。那支樂隊又小又糟，根本不能與你的舞蹈相提並論。我安排你到大都會歌劇院連續演出，我親自指揮，怎麼樣？」

鄧肯感激萬分：「那太棒了！」

丹羅希為鄧肯的演出，拉起了一支 80 人的大樂隊。場面頓然改觀。第一天表演的時候，弗羅曼想找一個包廂，但是發覺全院都已經滿了。這次經驗證明，不管那位藝術家多麼偉大，如果沒有合適的環境，即使是最偉大的藝術也會化為泡影。

鄧肯在臺上，隨著那個有 80 個隊員的樂隊跳舞的時候，實在有無法形容的快樂，她全身的每一根神經都跟樂隊、跟指揮息息相通，連成一體。

樂隊恢宏的氣勢，丹羅希雄壯的指揮，使鄧肯的舞蹈猶如一葉張滿的風帆，在音樂的海洋裡破浪而行。鄧肯感覺內心有一種偉大的力量，聽著音樂，然後布滿於全身各部，想發洩出來。

有時這種力量非常強大，震撼得她的整個心靈差不多要爆裂了，她憂憤滿心，伸出手求上天的幫助，但得不到反應。她成了表現樂隊情緒的一個中心，從她的心靈中射出許多光芒，與樂隊相連。

在舞臺上，鄧肯偶爾望見下面丹羅希祖露的巨大額頭，感到自己的舞蹈恰如雅典娜的誕生，全副武裝地從宙斯的頭顱裡蹦了出來。

樂隊中有一個吹簫的人獨吹著「奧非斯」曲中的「快活之靈」，曲調異常悲涼，以致鄧肯呆立在臺上，眼淚情不自禁地流了出來。

1908 年 11 月 15 日的《太陽報》星期天增刊上，登載了一篇詳細描述鄧肯表演的長文：

> 她從腰部以下裹著一幅美妙的帶有中國刺繡的紗羅。
> 她那短短的、烏黑的頭髮蓬蓬鬆鬆地捲在裸著的頸

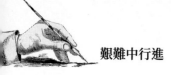

後，自然地分開，披拂在兩頰旁邊，像聖母一般。她的鼻子微微翹起，眼睛是灰藍色的。

許多關於她的新聞報導談到她的身材高大優美猶如成功的藝術品，而實際上她頂多只有 171 公分高，體重 56.7 公斤。

「像這樣的舞蹈用不著音樂，」她說，「除非是像潘神從河邊砍來的蘆管吹出來的那種音樂，恐怕只要一管長笛、一管牧人風笛就足夠了。其他的藝術繪畫、雕塑、音樂、詩歌，都已經把舞蹈遠遠拋在後面，舞蹈實際上已經成了一種失傳的藝術。如果試圖把舞蹈與另一種遠遠走在前面的藝術和諧配合，那是困難的、不協調的。我貢獻出我的一生，就是為了使這種失傳的舞蹈藝術得到新生。」

她開始講話的時候，是站在靠近正廳那些詩人坐的地方，而當她結束講話的時候，已經在大廳的另一頭了。簡直無法知道她是怎麼到那裡去的。但是你想想她的朋友艾琳·泰瑞就明白了，後者像她一樣，對於空間是毫不介意的。

她再也不是疲憊不堪、愁容滿面的女主人了，而是成了一個從一片破碎的大理石中從容自在地走過來的異教精靈，似乎那就是她在世界上要做的最明白不過的事情。也許她像希臘神話中的海中女神嘉拉提亞，因為嘉拉提亞在解放出來的最初瞬間，一定是跳著舞的；她又像是披著頭髮的女神達芙妮，在德爾斐樹林中，從阿

波羅的擁抱中掙脫出來。你剛這樣想，她的頭髮就披下來了。

無怪乎她這些年站在埃爾金大理石上供英國貴族們娛樂，而又遭到他們半信半疑的眼光，實在叫她厭倦。現在，在你眼前出現的，是一系列的塔納格拉的塑像，是雅典神廟的隊列，是骨灰甕和墓碑上戴花冠的悲哀女神，是酒神女祭司的放浪形骸。看起來你們是在觀看她，實際上你們觀看的是人為技藝尚未插入之前人類天性的全部活動景象。

她整個的一生都在努力尋找許多年代以前失落掉了的那種在悠久歲月的迷宮中丟失了的淳樸自然。

在我們現在稱為異教的遠古時代，每一種感情都有適當的表現動作，靈魂、肉體、思想渾然一體，合作協調。雕塑家捕捉住和表現出來的那些古希臘男女的形象，簡直不像是人工斧鑿出來的堅硬大理石，你幾乎可以說出他們想跟你說什麼話，只要他們開口，即使他們不開口，那又有什麼關係呢？因為你心中已經完全明了。

然後，她不再說話，又跳起舞來了，手裡拿著酒杯，變成了一個舞蹈的精靈、一座琥珀的雕像。時而高擎酒杯向你敬酒；時而把玫瑰花瓣撒在雅典神廟之前；時而在愛琴海紫紅色的波浪頂尖上游泳。

美是真理，真理是美，世間的一切便包括在此。

你在世間所知道的，你所需知道的，只此而已。

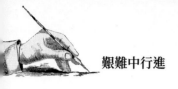

《藝術》雜誌的編輯瑪麗‧羅伯茨的評論則展現了鄧肯的國家對她的舞蹈藝術所能理解的深度：

當伊莎朵拉‧鄧肯翩翩起舞的時候，人們的精神彷彿回到了遠古時代。

那時，人們以形體之美作為自由表現靈魂的手段，運動的韻律和聲音的韻律融合為一，人體的動作與風和海洋的運動協調一致，女人手臂的姿勢猶如玫瑰花瓣的開放，她的腳踏過草地，好像樹葉飄然落地……

在首都華盛頓演出，又碰到了一些麻煩事。原來，幾位聞訊而來的政府部長們，極力反對鄧肯的這種舞蹈，語調頗為激烈。

但是有一天下午演出的時候，包廂那邊突然人頭攢動，氣氛緊張而又熱烈。鄧肯忙問發生什麼事了。

丹羅希興高采烈地說：「伊莎朵拉，盡情地跳吧，羅斯福總統親自來啦！這可是個機會，就跳給他看。」

真的是羅斯福總統，他的圓腦袋在包廂裡分外醒目。旁邊那些人大約是警察，面部嚴峻，目光銳利，令人膽寒。

羅斯福很喜歡鄧肯的表演，在每一個節目演完後，總是帶頭鼓掌，他在寫給朋友的一封信中說：

這些部長們從伊莎朵拉的舞蹈中能找到哪些害處呢？在我看來，她像是一個在晨曦沐浴的花園裡跳著舞、

採摘著想像之花的天真無邪的孩子。

羅斯福總統這段話，被許多報紙登載，使那些保守的說教者們大為羞愧，而大大地幫助了鄧肯的巡迴演出。隨後她所到之處，等待著她的，都是鮮花和掌聲。

巴爾拉德正在為鄧肯雕塑一尊舞蹈石像，題目都取好了：美國在舞蹈。他從鄧肯口口聲聲唸著的惠特曼的詩句「我看見美國在舞蹈」中得到了啟發。

可是，沒過多久，巴爾拉德的妻子病倒了，塑像工作被迫停止。「美國在舞蹈」一直是個半成品，但巴爾拉德還是抓住了鄧肯舞蹈的本質，把瞬息的閃電傳之久遠。

雖然在美國的表演越來越順，紐約銀行鄧肯名下的存款也在往上猛漲，但鄧肯還是決定要回歐洲了。她想念著她的女兒和她的學校，這種思念不可遏制。

為了理想艱難抉擇

鄧肯回到巴黎的時候，伊麗莎白帶著學校的 20 個學生和可愛的小寶寶來迎接她。

鄧肯已經有半年多沒有見到她的小寶貝了！當嬰孩看見她的時候，用奇怪的眼色望著她，然後哭了起來。鄧肯也喜極而泣，她一下子把孩子抱在懷裡。這一刻，她心中湧起不可名狀的快樂。

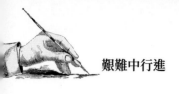

學校的孩子們都長高了，這也令鄧肯欣喜不已。這真是一次美妙的重逢，他們一起跳舞唱歌，玩了整整一個下午。

著名藝術家呂尼·波負責接下來鄧肯在巴黎的演出事務，他曾把埃莉諾拉·杜絲、蘇珊·德勃雷和易卜生引薦給巴黎。他為鄧肯訂下了歡樂劇場，並且請了科隆樂隊，由科隆指揮。

結果，這次表演轟動了全巴黎。一些大詩人，如亨利·拉維丹、皮埃爾·米爾、亨利·德·萊尼埃等，都熱情洋溢地寫了讚美鄧肯的文章。

巴黎展開燦爛的笑臉，迎接了鄧肯一行人。她的每一次演出，都坐滿了藝術界、知識界的名流。那時，鄧肯似乎快要實現自己的夢想了，她開辦學校的渴望看來也極易實現。

在丹東路 5 號，他們租了兩個大套間，鄧肯住在一樓，學生們和保育員住在二樓。

有一天上午，演出前夕，一場驚嚇，讓鄧肯深切地體會到了孩子與母親的血肉相連。她的小寶寶突然噎住了，並且咳嗽不止。鄧肯怕孩子患了可怕的喉頭炎，她急得雙腿發軟，站都站不穩。

她趕快叫了一輛出租汽車，跑遍了巴黎，終於找到了一個著名的兒科專家。他慨然應允跟她一造成她的住處，並很快就讓伊莎朵拉放了心，說這不是什麼大病，只不過是普通的咳嗽而已。但鄧肯的心還懸著，放不下來。她太喜歡自己

的孩子了，要是孩子有個三長兩短，她可就活不下去了。

演出由此延後了半個小時。科隆樂隊在歡樂劇院裡不停地演奏音樂，以安慰耐心等待著的觀眾。

鄧肯正在化妝臺前化妝，準備下午表演，這時，侍女拿了一張名片進來，鄧肯一看，原來是有名的大富翁帕里斯‧辛格。

前些日子，鄧肯的銀行存款又花光了。40 個孩子，20 個在德國，20 個在巴黎，使鄧肯差不多都要崩潰了。

有一天，鄧肯開玩笑地對伊麗莎白說：「無論我的舞多麼轟動，也賺不到一筆可以永久性維持這所盡是窮孩子的學校。我一定要找一個百萬富翁，讓他把我從經濟的困擾中解放出來。不然的話，學校難以為繼。」

現在，她所期盼的百萬富翁真的出現了。

來人身材高大，鬈髮秀美，留著短短的鬍鬚。鄧肯突然產生了一個奇異的感覺：這個人似曾相識。在哪裡見過呢？好像是在夢裡見過。

她猛然記起了波利尼亞克親王的葬禮：當時她還是個小女孩，哭得很傷心，初次參加法國喪禮，還不習慣。親王的親屬排成長隊，站在教堂旁邊的過道上。

有人把她向前推，「得去握手！」他們小聲說。於是，為了克制失去這位親愛的朋友的悲傷，鄧肯和這些王親們

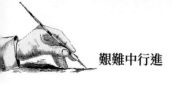

一一握手。她記得她突然看到一個人的眼睛，那人就是現在站在她面前的這位高個子。就是他！

鄧肯一激動，就喊出了「羅紅林」這個名字。「羅紅林」是德國古代詩史中，天國帕西發爾王的兒子，是聖盃的衛護士。他能破各種魔法，常常仗義救人。華格納曾以此為題材創作過同名歌劇。鄧肯把來訪的美男子看成是她和她的學校的救命稻草，後來鄧肯一直稱呼他羅紅林。

羅紅林這時對鄧肯說：「妳不認識我，但我是常常稱頌妳的藝術的。我很欽佩妳開辦學校的勇氣。我是要來幫助妳的。我可以替妳做什麼呢？譬如，我可以把妳這班跳舞的小孩子帶到海濱尼維拉的那個小別墅裡，在那裡創作妳的新式舞蹈。費用方面妳不用操心，完全由我來負擔。妳已經做了很偉大的工作，一定身心交瘁了，現在讓我來挑這副擔子。」

鄧肯感激萬分。羅紅林的確非常慷慨。一星期後，就將她學校裡的孩子們悉數運到尼維拉海濱的博利歐別墅，讓鄧肯在充滿陽光，優美、安靜的環境中教孩子們跳舞。

羅紅林一襲白衣站在一旁，饒有興味地觀賞。他還指著遠處他自備的白色快艇對鄧肯說：「這個艇原名亞利西小姐，不過現在恐怕要改名為彩虹女神。」

孩子們穿著輕飄飄的藍色舞衣，雙手捧著鮮花和水果，在柑子樹下跳舞。

羅紅林對孩子們和藹可親，關心每個人，生怕她們過得不舒適。他對孩子們的這種熱忱，使鄧肯不僅對他充滿感激之情，還產生了新的信任感。

鄧肯和孩子們住在這間別墅裡，而羅紅林則住在尼斯一家很豪華的旅館裡。有時他請鄧肯過去和他一起吃飯、開舞會。

一天晚上，學生艾莉卡患急性喉炎，臉憋得發紫，已經窒息，生命危在旦夕。羅紅林開車直奔醫院，用重金請來了醫學權威，進行緊急會診。鄧肯和他在門外等著，兩人的眼裡都蓄滿了焦灼的淚水。直至黎明，醫生才出來，宣布小艾莉卡脫險。鄧肯隨即全身癱倒在走廊的長凳上。

羅紅林緊摟著她說：「妳真勇敢，親愛的。哪怕只為了這一個晚上，這一次難忘的經歷，我也要永遠愛妳。」

有一天，羅紅林提議鄧肯和他一起乘著「彩虹女神」號出海遊玩。鄧肯帶上女兒登上了「彩虹女神」號，向著義大利駛去。

他們在潘沛依上了岸，在那裡玩了一天。羅紅林突然迸出一個非常浪漫的想法，讓鄧肯在月光中到神廟去跳舞。

羅紅林隨即去雇了一支那不勒斯小樂隊，讓他們到神廟那裡去等他們。那天正好趕上一陣夏天的暴風雨，大雨傾盆，一連兩天遊艇出不了港。當他們最後到達博登神廟時，

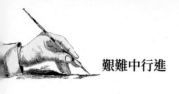

全體樂師已經在神廟的臺階上足足等了他們 24 個小時，全身都濕透了。

羅紅林叫來了幾十瓶酒，一隻燒羊羔。他們按照阿拉伯人的方式用手抓羊肉吃，款待受了苦的樂隊。

就這樣，鄧肯和羅紅林乘著「彩虹女神」號過了一段奢侈的生活。但在遊艇上，鄧肯就意識到了苦難與幸福是如何不可分割地糾纏在一起。她對眼前這位百萬富翁的期盼，遠遠不止他發自內心的對她個人的愛，而是和她一樣，對舞蹈的熱愛，對辦一所偉大的舞蹈學校的熱衷。而羅紅林卻不是這樣。

當鄧肯在遊艇上大談柏拉圖，談卡爾·馬克思，談改造世界時，羅紅林面色陰鬱，一言不發，他似乎對與一名如此狂熱的革命者打得火熱感到恐慌。

鄧肯繼續毫無顧忌地朗誦起惠特曼的詩《大路之歌》。可是，當她抬頭一看，卻驚訝地發現他那漂亮的面孔都氣得變了形：「什麼亂七八糟的！這夥窮骨頭永遠得餓肚子！」

「但是，你難道看不出，他憧憬著自由美國？」

「滾它的憧憬吧！唯恐天下不亂！我可不希望什麼『毀滅和失敗』，我在美國有十幾家工廠，那是我的命根子。」

鄧肯突然明白，他對美國嚮往的只是使他大發其財的那十幾間工廠：「你的眼裡就只有錢？」

羅紅林淡淡地說：「我對錢並不在乎，但沒有錢也不行的，除了愛情在這個世界上是無價的，其他都可以用錢買到。」

鄧肯選擇了沉默。

羅紅林還想繼續在地中海航行，但鄧肯想起了和俄國經理人訂下的演出合約。雖然自己對這次演出很勉強，但她還是決定遵守合約：「我要回去。」

「又想妳的學校了？」

「我的心裡一刻也沒有忘記學校。何況，我對這種生活感到很不安。你看，為了我們兩人的享樂，船上動用了 50 名水手，十幾個夥夫，這樣太放縱了。」

「我給他們錢。他們巴不得妳多玩幾天。」

「但是我不舒服。」

結果兩人不歡而散。羅紅林賭氣還在地中海航行，鄧肯上岸旋即又去俄國演出。

母愛湧動再生一子

鄧肯這次到俄國巡迴演出，和往常一樣順利成功。但是，中間發生了一件可悲又可笑的事情。

當時正好克雷格也在那裡，克雷格對鄧肯與羅紅林的關係瞭如指掌，他懷恨在心。一天下午，克雷格來看鄧肯。在

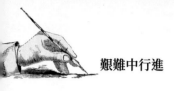

那一瞬間,她幾乎相信,無論是學校也好,羅紅林也好,都不在話下,重要的只是與克雷格重逢的喜悅。

當時,克雷格正在為史坦尼斯拉夫斯基藝術劇院上演的《哈姆雷特》創作背景。

鄧肯感到,他依舊是那麼迷人,那麼有魅力。在他們就要動身去基輔的最後一天晚上,鄧肯設便宴招待史坦尼斯拉夫斯基、克雷格。鄧肯的女祕書也在場。

吃飯過程中,克雷格問鄧肯是否打算離開羅紅林,留下來跟他在一起。由於她沒有馬上回答,他竟然大發脾氣,一把把她的女祕書從椅子上抱起來,帶到另一個房間,把門鎖上了。

史坦尼斯拉夫斯基當時嚇得面如土色,竭力勸說克雷格把門打開。當他看到勸說無效時,他們只好趕到火車站去,但是火車已經在 10 分鐘以前開走了。

鄧肯深感傷心和絕望,克雷格,曾是她心目中的白馬王子啊!醜惡的心靈怎麼會配上一副如此俊俏的外表呢?鄧肯只好一個人坐火車先期趕到基輔,等了幾天,那位可憐的女祕書才面色蒼白地趕到,並與鄧肯一起返回巴黎。

鄧肯回到巴黎,羅紅林在車站接她。羅紅林經常帶著鄧肯出入巴黎最豪華的場所。他出手闊綽,使侍者們就像侍奉國王那樣侍奉他。所有的飯店領班、所有餐館的廚師爭先恐後地向他逢迎討好。

借他的光，鄧肯了解了許多種菜的做法和味道的區別，也知道了各種酒存放的最佳年代。鄧肯也開始出入於最時髦的時裝店，看得她目眩神迷。在此以前，她總是穿一件小小白色舞衣，冬天是毛的，夏天是亞麻的，現在卻要定做華麗的衣衫，還要穿戴起來。鄧肯開始從神聖的藝術轉入世俗的藝術。

那個夏天，他們是坐著遊艇到布列塔尼附近的海上度過的。海上時常波濤洶湧，羅紅林很不適應航海，經常暈船，吐得臉都發綠了。在鄧肯看來，有錢人的享受不過如此。

9月分，鄧肯帶著孩子和保姆去威尼斯，和她們一起待了幾個星期。秋天的義大利多姿多彩。

有一天，鄧肯獨自坐在聖馬可大教堂裡，凝視著金色和藍色的圓屋頂，以及圓屋頂上的彩色浮雕。忽然，她彷彿看到一張小男孩的面孔：眼睛藍得像那天和羅紅林在一起時看到的地中海，純粹的清澈的藍，是招引；一頭金髮像光環似的圍在頭上，是呼喚；盈盈的微笑，是盼望。

然後，她到里多海灘，跟小迪爾黛莉坐在那裡玩。鄧肯一連數日陷入沉思。在聖馬可大教堂的那種幻想，使她的心情充滿著快樂與不安。她知道，她渴望著與羅紅林生一個男孩。或者，從此她就做一個賢妻良母，去過普通婦女的生活。

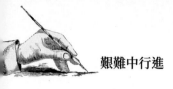
　　但是另一方面，她又極端熱愛她的藝術，她的工作和學校。

　　於是，鄧肯又覺得：眼前的人世生活與自己的藝術夢想相比，實在是個累贅。在這樣六神無主的精神苦惱中，她到米蘭去找一位當大夫的朋友，就這個問題請教於他。

　　「咳，那是不可能的！」這位醫生大聲說，「伊莎朵拉，妳是絕無僅有的藝術家，竟然又要冒險生孩子，這有可能使世界都不能再欣賞到妳的藝術，這根本不行。請妳接受我的忠告，不要幹這種違反人道的事！妳一定要想清楚。」

　　鄧肯仍然猶豫不決。她一方面覺得自己不應讓身體成為生產的工具，而應為藝術服務；另一方面，她心中湧動著無法抑制的母愛，她極渴望再生一個像天使一般的兒子。

　　一個小時後，鄧肯終於清楚了。她堅定地說：「不，我相信生活，相信愛情，我要服從神聖的自然法則。」

　　回到威尼斯，鄧肯手裡抱著迪爾黛莉，輕聲地對她說：「妳快有一個小弟弟了。」

　　迪爾黛莉高興地拍手笑道：「啊，真好，真好！」

　　鄧肯馬上發了一封電報給羅紅林。他立刻趕到威尼斯。同時，鄧肯和華特‧丹羅希訂了第二個演出合約，10月分乘船去美國演出。

　　羅紅林從來沒有到過美國，因此非常高興。他訂了船上

最大的一套房艙，而且每晚都印有特別的菜單。他們的享受不啻王侯。鄧肯想：「跟百萬富翁一起旅行確實輕鬆方便。」

在赴美演出中，鄧肯的每一個動作都回應著波提切利的名畫《豐收大地》、《懷孕的優美三女神的舞蹈》、《懷孕的和風女神》、《聖母瑪麗亞》等，她不斷地展示那些畫面，她的眼前一片光明，那是新生命的光輝，是人類未來的光輝。

這次美國旅行對於鄧肯來講是最愉快、成功和順利的。因為有了錢，就能賺更多的錢。

直到 1 月分的一天，一位太太到化妝室來，很不安地大聲對她說：「親愛的鄧肯小姐，坐在頭排的觀眾把你的肚子瞧得一清二楚。你可不能像這樣繼續下去啊！」

鄧肯的體態已經不適宜演出了，於是鄧肯又回到了歐洲。奧古斯丁和他的小女兒也和他們一起回歐洲，他已經與妻子分居了。

為了休息好，羅紅林帶著她來到了尼羅河。他們租了河上一條大帆船，逆流而上，向文明的源頭駛去，向生命的源頭駛去。

在埃及，鄧肯看到了紫色的晨曦，豔紅的晚霞，金色的沙灘，古老的廟宇。埃及，給予了鄧肯美妙的平靜，也讓她感情與感覺的觸角深入到了最底層。她從貧瘠中看到了文明之光，從窮困中看到了富麗之花，從勞動中發現了生命之美。

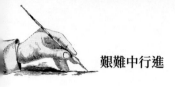

一行人回到了法國，他們在維爾弗朗什登岸。羅紅林租下了一座寬敞壯麗的別墅。這座別墅有層層平臺順坡而下直達大海。他還是那樣性急，興沖沖地在弗拉角買下了一塊地皮，打算建造一棟巨大的義大利式城堡。

1910 年 5 月 1 日清晨，在充滿陽光的地中海濱，兒子派翠克誕生了。

迪爾黛莉走進媽媽的房間，高興地說：「啊，弟弟多可愛啊！媽媽，您別為他操心，我要天天抱著他，照看他。」

逃離家庭甘作異端

從地中海之濱回到巴黎後，羅紅林請示鄧肯：「要不要舉行一次盛大宴會。請請你所有的朋友，並且可以開一個節目單，由你全權處理節目安排。」

鄧肯覺得，有錢人似乎從來不知道怎樣娛樂，如果他們舉行宴會，那也和貧窮的看門人請客吃飯一樣，沒有多大區別。

而按照她的想法，如果一個人有錢一定要花錢讓他的朋友們高興，她說：「我這樣設想，客人們在 16 時到達凡爾賽。在那裡的一所花園裡，準備了大帳篷，帳篷下面有各式各樣的食品，從魚子醬、香檳酒到茶和點心，應有盡有。

「然後，在一大片空地上，科隆樂隊由皮埃內指揮演奏理

查‧華格納的作品。音樂會以後，是一場豐美的正筵。一道道山珍海味、珍饈佳餚，客人們一直吃到半夜。園地裡處處燈火輝煌，如同白晝，人們和著維也納樂隊的曲子跳舞，直到將近天明。」

於是鄧肯的願望實現了。

所有的巴黎社會名流和藝術家都出席了這次宴會。有錢階級的生活並不能讓鄧肯舒坦。

一天，羅紅林愁容滿面地對鄧肯說：「伊莎朵拉，既然人都是要死的，那活著又有什麼意思呢？」

鄧肯說：「如果一個人不會死，永遠活著，那才沒意思呢！活的意義就是死給予的，因為人要死，而且不知什麼時候就死了，所以你必須抓緊時間做一些有意義、有意思的事情。」

羅紅林突然提出：「我覺得現在最有意思的事情就是結婚。伊莎朵拉，我們結婚吧！」

鄧肯一向是不贊成婚姻的，尤其是母親婚姻的悲劇，給她一生留下了沉重的陰影，她在心中始終對結婚抱有一種反感。同時她覺得她的一生是為著藝術存在的，她應該保持著自由的身體。

於是，鄧肯回答說：「一個藝術家結婚，是一件很愚蠢的事。和一個藝術家結婚就更愚蠢了。我是要環遊世界的，你怎麼能一生老是坐在包廂裡看我表演呢？」

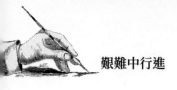

羅紅林反駁道：「不，要是結了婚，我們就用不著環遊世界了。」

「那我們幹什麼呢？」

「你可以在倫敦我的家裡，或者在鄉下我的別墅裡，過快活的日子。」

「那日子怎麼過才算快活呢？」

「散散步，坐遊艇，幹什麼都可以。你試 3 個月，要不喜歡才怪。」

於是，那個夏天他們就搬到德文郡去了。羅紅林在那裡仿照凡爾賽宮和小特裡安龍宮建造了一座極為出色的大別墅。裡面有很多臥室和浴室，許多客廳，車庫裡還有 14 輛汽車，港口有一艘遊艇。這一切全歸鄧肯支配。

但是鄧肯沒有想到，英國的夏季整天下雨。英國人對此似乎毫不在乎。他們起床之後就用早餐，吃雞蛋、鹹肉，或者火腿、豬腰子、麥片粥，然後披上雨衣，踩著泥濘到鄉下走走。直到午飯時再回來，吃許多道菜，最後一道是德文郡奶油。

從午飯到 17 時，他們就寫寫信或者去睡覺。17 時，他們下樓來喫茶點，有各種點心，還有麵包、糕餅、奶油，有茶，還有果醬。吃完茶點，他們玩玩紙牌，然後才進入一天中真正的重要事情：修容整裝，出去吃晚餐。

他們都以晚禮服盛裝出現在這個時刻：女士們著露肩長服，紳士們穿著硬領襯衫的禮服，入席把 20 道菜都吃光。酒足飯飽之後，才輕鬆愉快地談點政治，或者隨便聊聊人生哲學，一直到告退去睡覺。

這種生活才過了三兩個星期，鄧肯就要發狂了，她實在是絕望了。羅紅林發現她一天比一天情緒低落，便對她說：「妳幹嘛不再跳舞，就在這個跳舞廳裡跳呢？」

鄧肯看著那些壁毯和油畫，說道：「在這些東西的面前，在油光光的打蠟地板上，我可一點舞姿也做不出。」

羅紅林說：「如果是這些東西妨礙到你，那就把你的幕布和地毯拿來吧！」

說著，他就派人去把鄧肯的幕布拿來掛在壁毯上，把地毯鋪在打蠟地板上。

鄧肯又說：「可我得有一位鋼琴伴奏呀！」

羅紅林馬上說：「那就叫人去請一位琴師來。」

於是鄧肯便給科隆發了一個電報：「在英度夏，需工作，速派琴師來。」

科隆的樂隊裡有位第一小提琴手，大腦袋而且相貌奇特，那顆大頭還在矮胖的身軀上面來回擺動。不過這位第一小提琴手還擅長彈鋼琴。但是鄧肯對他有一種心理上的絕對厭惡之感。

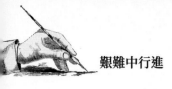

以前每次她都請科隆不要帶他來見她,科隆卻說此人很崇拜她。有一天晚上,科隆病了,不能指揮樂隊為鄧肯的《抒情狂歡節》舞蹈伴奏,就讓這個人替他指揮。

鄧肯氣極了,說:「要是他為我指揮樂隊,我就不能跳舞。」

聽了這些話,他失聲痛哭起來。觀眾正在等待開演,於是只好由皮埃內來暫代指揮。

在一個雨天,鄧肯收到科隆回電:「已派琴師,後日即到。」

鄧肯到車站去接,看到從火車上下來的竟是那位她特別厭惡的先生,感到異常驚奇:「科隆怎麼能叫你來呢?他知道我厭惡你的。」

琴師用法語結結巴巴地說:「小姐,請您原諒,是親愛的大師派我來的,我非常崇拜您。」

不過羅紅林卻對鄧肯說:「至少我是沒有理由嫉妒了。」

一切都大大地增加了鄧肯的焦躁不安,再加上沒完沒了下雨,她一天比一天更煩躁,難耐這種無聊的生活。

她對羅紅林說:「這種生活,你試了幾十年,到頭來還不是只嘆息生活沒有意思嗎!資產階級的頹廢,就是根源於錢。腰包裡有了錢,心中就沒有了目標。」

羅紅林又神經衰弱了,他感到面前這個女人太強大,不

可思議的強大。他在大別墅裡安排了一位大夫和一位有經驗的護士照料他。

到了秋天，鄧肯就動身去美國履行第三個合約了。這一次鄧肯變得聰明了些，心情也有點兒悲哀。她又一次作出決斷：

> 一個天才的舞蹈家是不適於過家庭生活的，她的生命屬於她的藝術，屬於她的舞臺，而不是屬於哪一個人、哪一個家庭。
> 從今以後，要把全部生命獻給藝術。藝術雖然是困苦的，但是比從凡人那裡所得的報答要強若干倍。

她對自己的故鄉總懷有一線希望。每次演出前，她都要發表長時間的演講，呼籲幫助建立一所真正的舞蹈學校。

有記者問她：「據說你在歐洲多次說美國的壞話，是真的嗎？」

「是的，但這並不意味著我不愛美國。恐怕是因為我太愛美國了，你得知道愛之深、責之切的道理。我當然愛美國，為什麼？我的學校，這些孩子們，難道不都是華特‧惠特曼精神的後代嗎？還有這個一直被叫做希臘式的舞蹈不也是這樣嗎？它出身於美國，它是未來美國的舞蹈。所有這些動作它們都是從哪裡來的？它們都來自美國偉大的自然；來自內華達的山峰；來自沖洗著加利福尼亞海岸的太平洋；來自連

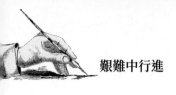

綿廣袤的洛磯山、約瑟米山谷以及尼亞加拉大瀑布。」

記者又說：「有人說，你自己缺錢花就臭罵有錢人。」

鄧肯回答說：「我在歐洲過了 3 年富人生活之後，確信這種生活是毫無前途的，是空虛無聊而自私的，同時也證明要獲得真正的快樂，只有創造出一種普遍適用的藝術形式才行。尤其對於一個藝術家而言。貝多芬、舒伯特都是窮人，沒有錢，但他們有有錢人沒有的、更值得珍貴的東西，他們有尊嚴，有思想，有使命，有靈感。

「他們的靈感不是剝削他人、奴役他人的靈感，而是來自於全人類，對人類的精神和命運的探討所獲得的靈感。他們終生都是德國人民的兒子，但他們屬於全人類。你聽說過哪個人靠有錢獲此殊榮？」

還有記者說：「聽說你去過紐約東區，還免費舉行了一次演出。而如果你在東區表演舒伯特的交響樂，那些人是不會理睬的。」

鄧肯動情地說：「不錯，我們進行了免費的演出，劇場沒有售票處。人們坐在那裡一動也不動，淚珠順著臉頰滾滾往下流，這就表現了他們不是不理不睬，而是十分關心演出。東區人民的生活，他們的詩歌、藝術中蘊藏的潛力都是很豐富的，時刻等待著一躍而出。

「為他們建造一座圓形大劇場吧，那是唯一民主的劇場形式。在那裡，人人都一樣地看得清楚，沒有包廂和樓廂；可

是——你們瞧這劇場的頂層樓座吧——你們認為把人類像蒼蠅一樣貼在天花板上，然後請他們欣賞藝術和音樂，這樣做是合理的嗎？」

鄧肯哽咽了，她停了一下，接著說：「建造一座樸素的、美麗的劇場，不需要給它鍍金，不需要那些華而不實的裝飾，一切美好的藝術都是來自人類的精神，不需要任何外表裝飾。只有從靈感充溢的人類靈魂裡流露出來的美，還有作為這種美的象徵的身體。

「而且，如果我的藝術在這裡對你們有所啟發的話，我希望它教給你們的就是這一點。美是需要尋找的，在孩子們身上就可以找到，在他們的眼睛的光輝裡，在他們伸展出來做各種可愛動作的美麗小手之中。

「你們已經看見，她們手拉著手走過舞臺，比通常坐在這裡包廂裡的任何一位老太太、小姐身上的珠寶鑽翠要漂亮得多。她們就是我的珍珠和鑽石。別的我什麼也不需要。讓孩子們美麗、自由、強壯有力吧！

「把藝術給人民，人民需要它。偉大的音樂再也不能只供少數有文化的人娛樂，它應該無代價地給予大眾：他們需要它，就像需要水和麵包，因為那是人類精神上的美酒。」

這時有人大聲說：「你是一名異端。」

鄧肯毫不猶豫地回答說：「異端？真好，你說得太準確了，我正是一名異端，就讓我做異端吧！」

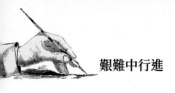

失去孩子痛不欲生

　　1912 年，結束了在美國的巡迴演出之後，鄧肯重新回到巴黎。她把學生們留在凡爾賽，讓一個保姆照管。當她打開家門的時候，她的小兒子奔跑著前來迎接她。鄧肯離開他的時候，他還是在搖籃裡的嬰兒呢！

　　1913 年 1 月，鄧肯和音樂家亨納·斯金一道，再次赴俄國巡迴演出。黎明，他們到達了基輔。但這次卻發生了一件很奇異的事。

　　天剛剛發亮，鄧肯睡眼惺忪，朦朦朧朧中非常清楚地瞧見馬路兩邊整整齊齊地擺著棺材，那麼小小的棺材，肯定是用於兒童的。

　　鄧肯驚恐地抓住斯金的手臂，叫道：「哇，都是孩子，孩子們全死了！」

　　斯金趕快安撫鄧肯：「伊莎朵拉，妳怎麼了，別害怕，妳是不是做夢了，那裡什麼都沒有啊。」

　　鄧肯驚恐萬狀地叫道：「沒有？難道你看不見嗎？！」接著她向斯金講述了自己所見的景象。

　　斯金說：「是的，真的沒有，除了雪。大雪堆在馬路兩旁，實在沒有什麼孩子。」

　　鄧肯仍然驚魂未定：「只有雪？」

　　斯金肯定是說：「伊莎朵拉，大概是妳太疲倦了吧！也或

許是雪光引起的幻覺。人一太勞累，就往往這樣，過會兒就好了，但妳得注意休息。」

鄧肯定了定神，是的，路兩旁除了雪堆之外，一無所有。但這次幻象卻在鄧肯心靈中有一種悲劇的暗示。

為了休養一下緊張的神經，鄧肯跑到一家俄國澡堂去，在一間溫暖的房間裡洗澡。然後她睡在一個木架上享受蒸汽的擁抱。突然一陣熱氣沖到鄧肯的身上，她一下從木架上摔了下來。

侍者發現鄧肯失去知覺躺在地上，把她抬回了旅館，並找來了醫生。醫生檢查後說鄧肯是輕微腦震盪。

斯金勸她：「您今天晚上無論如何也不能跳舞了，您在發高燒。」

「可是這會使觀眾失望的。」鄧肯堅持要到劇場去登臺演出。

劇院安排的節目是蕭邦的音樂。要結束的時候，鄧肯卻執意要斯金彈奏蕭邦的《葬禮進行曲》。

斯金說：「還是不要跳這種曲子吧，伊莎朵拉，我求求你。你從來沒有跳過這個曲子啊！」

鄧肯說：「我也不知道為什麼，彈吧！我一定要跳。」

斯金沒有辦法，只好彈了起來。於是鄧肯雙臂一舉，舞蹈開始了。

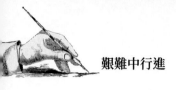

是白天那個不祥之兆給鄧肯的印象太深刻了,她要讓上帝知道,她接受了他的喻示,並要用舞步走向悲哀,走向苦難,以救贖現實中可能出現的一切不妙。

她首先向上帝致意。然後兩手下垂,胸向前高挺,膝微屈,收腹,表達對上帝的虔敬之心。她想像著一個婦人懷抱著她死去的嬰兒,用緩慢躊躇的步調,遲緩、踉蹌,向人生最後安息的路上走。手指繞成白色的花朵,佩戴在命運的襟前。最後,她又化為靈魂,逃出被禁錮的肉體,飛昇而起,向著復活飛去。

當鄧肯跳完,幕布落下之後,全場異常安靜。鄧肯望著斯金,他面色蒼白,身體顫慄,懇求道:「千萬不要讓我再彈這支曲子了。我體驗到了死亡的滋味,我甚至聞到了喪禮之花的芳香,我……看到了孩子們的……棺材。」

4月回到了巴黎。在特羅卡德羅劇場一次長長的演出結束的時候,斯金又一次演奏了《葬禮進行曲》。她恨不得把天底下所有的悲哀、苦痛、不幸,都在一場舞蹈中宣洩得一乾二淨,只剩下月朗天清,只剩下風和日麗,成為孩子們的樂園,永享天真和歡樂。

觀眾在一陣宗教似的沉默之後,仍然恐懼了好一陣,然後瘋狂地鼓起掌來。一些婦女痛哭流涕,有的甚至不能自已,幾乎到了歇斯底里的地步。

在鄧肯去俄國旅行時，她的兩個孩子跟伊麗莎白住在一起。現在，她把他們接到柏林自己的身邊來了。他們身體很健康，精神飽滿，到處跳舞，顯得非常快樂。孩子們都好，健康活潑。鄧肯和他們一起回到巴黎後，住在1908年她在納伊買下的那所藝術家革維克斯的大住宅裡。

迪爾黛莉已經會自編自舞了，她一邊舞一邊唱著：

我是一隻小小小小鳥，
我飛得這麼高這麼高。
飛到雲彩裡飛上九霄，
白鬍子爺爺嚇了一跳。

鄧肯看著她那樣優雅美麗的儀態，就想她將來也許會繼承自己的事業，照她的想法去辦學校，她是她最好的學生。

派翠克也能扭擺自己的小蠻腰了。有意思的是，他每次都不讓媽媽教他，他的理由一本正經：「媽媽，派翠克只跳派翠克自己的舞蹈。」

鄧肯感到，她和她的孩子們之間，不僅僅是母與子的骨肉關係，同時還有一重超越世俗、超越親情的更密切更本質的關係，那就是藝術上的水乳交融，血脈相承。

鄧肯對斯金說：「我最好的學生就是這兩個孩子。」

這兩個孩子都非常熱愛音樂。當斯金彈鋼琴，或者鄧肯練舞的時候，他們總是要求留在工作室裡，乖乖地坐在那

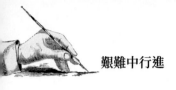
裡，專心致志地聽著、看著。使鄧肯有時不免駭異：這麼小小的年紀，竟能如此嚴肅認真地集中注意力。

有一天下午，大藝術家羅爾‧普格諾在彈莫札特的曲子，孩子們躡手躡腳走進來，站在鋼琴兩旁，聽他演奏。他一彈完，兩個小傢伙同時把他們披著金髮的小腦袋放在羅爾的手臂下，仰起小臉，極其欽佩地注視著他。

羅爾嚇了一跳，大聲說道：「從哪裡出來的兩個小天使，莫札特的小天使啊？」

這時，他們都笑了，爬上羅爾的膝蓋，把小臉蛋兒藏進他的大鬍子裡。

這時正是 3 月，鄧肯輪流在夏特萊劇院和特羅卡德羅劇院表演舞蹈。儘管她現在的生活堪稱幸福之至，但是她仍然不斷有一種奇怪的壓抑感。

一天晚上，在特羅卡德羅劇院跳蕭邦的《葬禮進行曲》，由斯金用管風琴伴奏，鄧肯再次感覺到額頭上有一股冰涼的冷氣吹拂，還聞到一股和上次同樣的白玫瑰和喪禮之花的氣味。

迪爾黛莉穿著一身白色的衣服，那小巧玲瓏的身軀坐在中央包廂裡，看著母親跳這個舞蹈，突然哭起來，好像心兒都碎了似的，哭喊道：「啊，我媽媽怎麼那樣傷心難過呢？」

鄧肯的心裡背上了沉重的包袱。晚上睡覺，不能關燈，巨大的黑暗與棺材同一顏色。而昏暗的燈光下，閉著眼睛就

能看見床對面十字架上活動著一個人影，緇衣黑髮，用淒怨的目光望著她，好像在訴說什麼。

鄧肯把這些情況報告了雷納·巴德醫生。他說：「你的神經過於緊張，必須到鄉下療養一段時間。否則，你會垮下去的。」

一向堅毅的鄧肯這時卻不知所措：「可是我得按照合約在巴黎演出呀！去哪裡好呢？」

「那好辦，您去凡爾賽好了 —— 那裡近得很。您可以乘汽車去，那裡空氣清新，很適合你的。」

但是，如果鄧肯不到凡爾賽來逃避那使她惴惴不安的死亡預兆，孩子們也就不會在3天以後在同一條公路上遭到橫禍身亡。

休養果然大見起色。鄧肯又閒不住了，她適當地安排了一些演出，還訂了一個讀書計劃。她的床頭擱著巴比·多瑞維利的著作，這一天，她正翻著這一頁：

> 美麗的人兒，養育出像你一樣美麗的孩子。只要誰說到奧林匹亞山，你就發笑。為了懲罰你，神靈的利箭穿透了你那可愛孩子的頭，而你赤裸的胸膛無法庇護他們。
>
> 當只剩下你的胸膛可以射穿的時候，你就貪婪地把胸膛轉向發出打擊的地方，你等待！然而，徒勞，高尚而不幸的婦女！神靈的弓弦已經鬆開，他是在捉弄你。

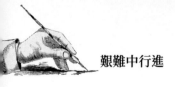

你一生都在這樣等待，在鎮靜的絕望中，在陰鬱克制的絕望中等待。你從未發出人類胸膛慣於發出的悲號。你已木然痴呆，於是，人們就說，你已變成石頭，這樣來表達你的心靈不屈不撓，堅若磐石。

那天晚上，鄧肯的舞跳得與往常大為不同。她不再是一個女人，而是歡樂的火焰，是一團火，是燃燒起來的星星之火，是從觀眾心中冒出來的滾滾濃煙，而且謝幕十幾次之後，作為告別的節目，最後跳了《音樂瞬間》。

突然，她覺得好像迪爾黛莉坐在她的肩膀上，派翠克坐在另一邊，非常平穩、非常快樂。當她在跳舞中左顧右盼的時候，看見他們帶笑的、明亮的小臉，嬰兒似的微笑。而她的腿一點都不覺得累。

突然，羅紅林來到了化妝間。自從埃及分手後，有 4 個月未通音訊了。

他說：「帶著孩子進城來，我想看看他們。」

鄧肯很高興，覺得這下子一定會使她渴望已久的和羅紅林重修舊好的願望得以實現。

那是一個溫暖的灰濛濛的早晨。在這一年鄧肯第一次感到一種特殊的歡樂熱情從和暖的初春降臨心間。她一面體驗著春天帶來的快樂，一面看著孩子們，他們多麼嬌嫩可愛、多麼幸福。於是，她悄悄地把這個消息告訴了女兒。

小女兒大聲喊道：「嘿！派翠克，你猜咱們今天要去哪裡？」

英國保姆有些擔心：「夫人，今天會下雨，最好別帶孩子出去。」鄧肯的心情被即將與羅紅林重逢的喜悅的潮水淹沒了，她執意要去。在乘汽車從凡爾賽到巴黎的路上，她把兩個小小的身體摟在懷裡，充滿了對生活的新的希望與信心。

她知道，當羅紅林看到派翠克時，會忘記對自己的一切反感。而且，她夢想他們的愛情會死灰復燃。一家人團聚，天倫之樂，將煩惱和迷幻驅趕得無影無蹤。

羅紅林見了孩子之後，果然非常快樂。他們在一家義大利餐館用餐，吃了很多的通心粉，喝紅葡萄酒，興奮地談著將來的事情。

午飯吃完的時候，羅紅林神祕兮兮地說：「去埃及前，我在市中心買了一大塊土地，你猜是做什麼用的？」

「你是想蓋別墅吧？」

「不，我打算給你的學校蓋一座劇場，名字都取好了 —— 伊莎朵拉劇場。我想，那將是你發揮天才藝術的最佳場所。」

鄧肯執拗地說：「我看，還是叫派翠克劇院。派翠克將是偉大的作曲家，他為未來的音樂創作舞蹈。」

羅紅林說：「我今天感覺非常快樂，我們大家到喜劇沙龍去好不好？」

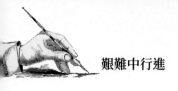

　　鄧肯見時間還早，她想到戲院裡排練一會節目。於是羅紅林就自己去了喜劇沙龍。

　　鄧肯帶著孩子們來到劇場門口，她對保姆說：「你帶孩子進來等著我，好嗎？」

　　但是保姆說：「不，夫人，我怕下雨，我們最好還是回去，孩子們需要休息。」

　　鄧肯吻了兩個孩子，說：「我也很快就回來。」

　　迪爾黛莉把她的小嘴貼著汽車玻璃，望著媽媽。鄧肯俯身去吻她，嘴唇碰到了冰冷的玻璃上。

　　鄧肯走進了她的大排練廳。時間還沒有到，她便上樓到她的套間裡，躺倒在長沙發上。房間裡有許多花和別人送來的一盒糖，她拿了一塊，懶洋洋地吃著，一面想：「總起來說，我的確是很幸福的，也許我就是世界上最幸福的女人。我的藝術、成功、幸運、愛情，尤其是我可愛美麗的孩子們。」

　　她一邊懶散地吃著糖，對自己微笑著，一面繼續想著：「羅紅林回來了，一切都會好的。」

　　這時候，忽然一陣奇怪的、異常悽慘的哭喊聲傳進她的耳朵。她回頭一看，羅紅林站在那裡，像一個喝醉了酒的人，搖搖晃晃地走著，雙膝一軟，跌倒在她的面前。然後從他的嘴唇裡艱難地吐出一句話：「孩子們！孩子們！都死啦！」羅紅林昏了過去。

鄧肯頓時覺得天旋地轉，渾身血液都凝固了，嗓子裡燃燒一般發燙，就像吞了幾塊紅炭似的。但是，她不明白是怎麼一回事，她還是十分溫柔地同他說話，極力要他平靜下來，跟他說絕不會有這回事的。

然後又進來了一些人，但是鄧肯仍不相信事情真的發生了。人們害怕她受不了這一打擊，一位醫生說：「絕不會死，我一定把他們都救活。」

原來，司機駛離正道，將車開進了路邊的河中。司機、保姆、迪爾黛莉和派翠克一同遇難。

鄧肯想跟羅紅林一起去醫院，但人們攔住了她，怕她發瘋。因為大家知道，兩個孩子確實已經不可能再復生了。

但此時的鄧肯似乎已經失去了感覺，她全身輕飄飄地如在一場夢中。她沒有哭，反而不停地勸慰著別人。她的悲傷因為來得太突然、太猛烈，所以鬱塞在心中，一時發洩不出來。

鄧肯終於來到了火葬場，見到了她的兩個孩子：他們躺在棺材中，金黃色的頭髮，軟綿綿的小手和小腳，都裝在了棺材中。

鄧肯沒有穿喪服，她向來認為穿喪服戴孝是荒唐的，也沒有必要。奧古斯丁、伊麗莎白和雷蒙德領會了她的願望，在她的工作室裡堆滿了鮮花。

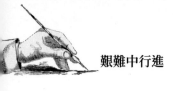

當她向孩子們和他們的保姆的遺體告別時，她極想看到一些舞姿，看到他們最後的笑臉。

四周的人無不涕泗橫流。只有鄧肯沒有哭，她扶著羅紅林的肩膀，平和地說：「羅紅林，你知道嗎？那兩個冷冰冰的小蠟像不是我們的孩子，那只是他們脫下來的外衣。他們的靈魂將在天堂的光輝中永生。他們本來就是天使啊！不要哭。流淚是無法表達的，我就哭不出來。我想跳舞了，燈光，音樂，舞姿。我想在和諧、瑰麗的光和美中向孩子們告別。我的迪爾黛莉和派翠克！」

但一回到家裡，鄧肯真想隨孩子們一起離開：「失去了孩子，我怎麼活得下去呢？」

她呆呆地坐在工作室裡，一直考慮如何了結此生，快點趕到天堂去照顧迪爾黛莉和派翠克。最好的方式，是投海。海，多麼醉人的藍啊，像派翠克的眼神。

可是，學校的小女孩們跑來圍著她說：「伊莎朵拉，為我們活下去吧！我們不也是您的孩子嗎？」

這些孩子的話，喚醒了鄧肯，使她想到了自己的責任：「這些孩子們也都異常悲傷。她們站在這裡為迪爾黛莉和派翠克的死難過，心都碎了。」

鄧肯的精神完全瓦解了。如此時羅紅林能夠陪在她的身邊，給她以偉大的愛情力量支撐，或許能多少平復一些鄧肯的悲哀。

但他卻恰在此時離開了鄧肯。

雷蒙德和他的妻子佩內洛普要動身到阿爾巴尼亞去，在那些難民中間工作。他們勸鄧肯跟他們一起去。

鄧肯不知如何生活，伊麗莎白也決定帶鄧肯出去走走，悶在家裡她非尋短路不可。於是鄧肯就答應了，她和姐姐、奧古斯丁一起去了義大利。

在米蘭，鄧肯獨自去了聖馬可教堂，獨自坐在冰涼的地板上，凝視著圓屋頂上的彩色浮雕。4年前，她就是這樣看到了一個小男孩的面孔，關於派翠克的預示。可今天，什麼也看不到了，眼前暈乎乎的一片。

隨後，他們坐船從布林底西動身，不久在一個陽光明媚的早晨到達哥爾佛。

天氣非常溫和，但鄧肯卻感覺不到一點安慰，這些日子裡，她總是呆坐痴望，也不管一天天如何度過，她完全陷入灰色的世界裡。她就像尼俄伯王后變為石頭一樣，坐在那裡渴望著在死亡中消滅掉。

羅紅林當時在倫敦。鄧肯想：「只要他來看看我，也許我就可以從死人般的麻木狀態中解脫出來。也許只要感到溫暖愛撫的手擁著我，我就可以甦醒過來。來看我吧，我需要你。我快死了。如果你不來，我就隨孩子們去了。」

一天早晨，奧古斯丁叫醒她，手裡拿著一份電報，上面寫著：

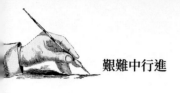

無論如何請將伊莎朵拉的近況告知，我將立刻趕來哥
爾佛。

羅紅林

這天以後，鄧肯似乎在黑暗中看到了一線光明，她滿懷
希望等待著。一天早晨，羅紅林來了，面色蒼白，驚恐不安
地對鄧肯說：「伊莎朵拉，你嚇壞我了，我以為你死了。」

鄧肯由此產生了希望，希望透過一種自動的愛的表示，
使不愉快的過去獲得補償，使她重新感到心靈的顫動。但
是，她的渴望太強烈了，羅紅林忍受不了。一天早晨，他突
然不辭而別。

又只剩下鄧肯孤零零的一個人了。

她對自己說：「要麼就是立即結束我的生命，要麼就是必
須想辦法活下去，儘管日夜吞噬我的痛苦使我痛不欲生。」

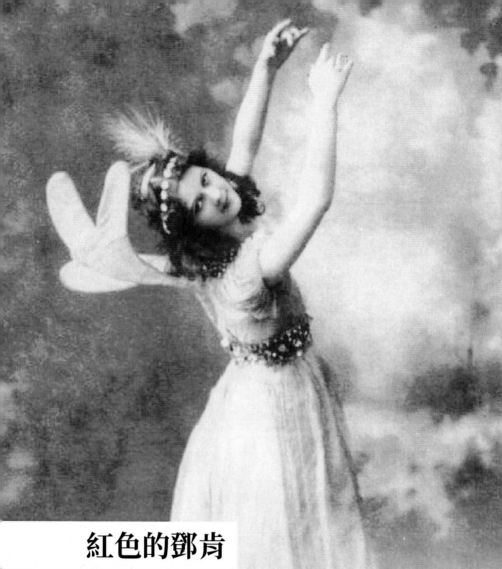

紅色的鄧肯

這就是紅色,我也是紅色的!這是生命和活力的顏色!你們過去曾經是不受文明社會約束的,現在也仍然帶著發自天性的感情來欣賞我的藝術吧!

—— 鄧肯

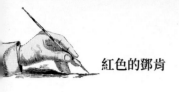

平復傷痛重獲信心

孩子們死了，羅紅林也走了。鄧肯此時非常想了結自己的生命，以免忍受這日夜折磨她的痛苦。

這時，雷蒙德從阿爾巴尼亞回來了，他還是和從前一樣，充滿了熱心。「那裡整個國家都需要救濟。農村一片荒蕪，孩子們在餓著肚子。你怎麼能安心在這裡只顧自己傷心呢？來幫助我們救濟孩子們，安慰婦女們吧！」

他的懇求很有效果。鄧肯再一次穿上希臘長衫和涼鞋，跟雷蒙德到阿爾巴尼亞去了。

在那裡，雷蒙德採用獨創性的類似原始人的制度，組織了一個營地，來救濟阿爾巴尼亞難民。他到市場上去買了一些生羊毛，把羊毛載在自己租的小輪船上，運往山地哥倫大，這是那些難民們最重要的海港。

鄧肯問道：「雷蒙德，你如何用這些生羊毛去解決那些難民的飢餓呢？」

雷蒙德說：「等著瞧吧，你很快就知道了。如果我給他們帶麵包來，那就過了今天沒有明天；可是我給他們帶羊毛來，就是為了他們將來的吃飯問題。」

雷蒙德組織了一個中心，購置了一些紡織機，在哥倫大建了一家紡織廠，他在門口寫著：「願來此紡羊毛者，每天可得 1 德拉克馬。」

　　貧窮、瘦弱、飢餓的婦女們很快就排了一條長龍。她們用賺來的德拉克馬可以買到黃玉米。

　　然後，雷蒙德又宣布：「誰願意把紡好的羊毛織成布，一天賺 1 德拉克馬。」

　　許多飢餓的人來要求做這些工作。雷蒙德讓她們織上古希臘的花瓶圖案，很快在海濱就有了一支紡織女工隊伍。他教她們和著紡織的節奏齊聲合唱。當這些圖案織成以後，就成了一幅幅美麗的床毯。

　　雷蒙德把床毯送到倫敦去賣，可以賺 50% 利潤。然後，他用賺來的錢開辦了一家麵包廠，賣白麵包，價錢要遠遠低於希臘政府賣的黃玉米。他就用這個辦法建立起他的村子。

　　鄧肯他們住在海濱一頂帳篷裡。每天早晨太陽升起時，他們就到海裡去游泳。雷蒙德不時有剩餘的麵包和馬鈴薯，因此他們就翻山越嶺到另外一些村子裡去，把麵包等食物分給飢餓的人們。

　　阿爾巴尼亞有最早出現的供奉雷神宙斯的祭壇。他們稱宙斯為雷神，因為這個國家無論冬夏都常有雷電和暴雨。鄧肯和雷蒙德等人常常穿著舞衣和涼鞋，冒著雷雨長途跋涉。

　　在那裡，鄧肯看到許多悲慘的情景。一位母親坐在樹下，懷抱嬰兒，身旁圍著三四個小孩子，都餓著肚子，無家可歸。他們的家被燒掉了，她的丈夫被土耳其人殺害了，牲

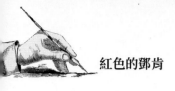

畜被搶走了，莊稼被毀滅了。於是這位無依無靠的母親就帶著她剩下的孩子坐在那裡。

雷蒙德分給他們許多袋馬鈴薯。

回到營地的時候，他們已經精疲力竭，但是鄧肯在精神上卻感到一種奇妙的愉快：雖然她的孩子死了，但是還有別人的，飢餓和痛苦正在折磨他們，難道自己不能為他們而活著嗎？

當鄧肯的精力和健康恢復以後，就不能再生活在難民中間了。藝術家的生活和聖徒的生活有著很大不同。她心中的藝術死灰復燃。

鄧肯感到必須離開。於是她與雷蒙德的妻子佩內洛普先到了君士坦丁堡。

第二天，鄧肯和佩內洛普在君士坦丁堡古老的街上閒逛。在一條又暗又窄的小巷裡，她遇到了一位相師，就想：「去算算命吧！」

那是一個亞美尼亞的老婦人，但是能說一點希臘話，所以佩內洛普能聽懂她的話。老婦人告訴她們，當年土耳其人進行最後一次大屠殺的時候，在這個房間裡她親眼看著她的兒子、女兒、孫子，甚至最小的嬰兒都慘遭殺戮，從那時起，她就有了一種超人的明見，能預知未來。

鄧肯透過佩內洛普問她：「您算算我的未來如何？」

　　老婦人在那口鍋冒出的煙裡找了一會兒，說出幾句話：
「我向你致敬，你是太陽神的女兒。你是派到人間來給人們
以巨大的快樂的。在這種快樂之中將創立起一種宗教。經過
到處遊歷之後，在你的晚年，你將在全世界修建很多神廟。
在這個過程中你也將回到這個城市，在這裡修建一座廟宇。
所有這些廟宇都是供奉美神與快樂之神的，因為你是太陽神
的女兒。」

　　當時鄧肯正在悲哀和絕望之中，這種詩一般的預言，叫
她好生奇怪。然後她們叫了一輛馬車回到旅館。剛進旅館，
門房就遞上一份電報。鄧肯打開電報。上面寫著：

梅納爾卡斯病重，雷蒙德病重。速歸。

　　她們匆匆返回到阿爾巴尼亞。雷蒙德和兒子梅納爾卡斯
正在發高燒。鄧肯盡力說服雷蒙德和佩內洛普離開阿爾巴尼
亞，和她一起走。可是雷蒙德不願意離開他村子裡的難民，
佩內洛普自然也不想離開他。因此，鄧肯只好把他們留在
那裡。

　　鄧肯在瑞士日內瓦湖畔停留了幾天。一個人留在瑞士，
鄧肯陷入煩悶憂鬱之中。由於焦躁和不安，她坐上小汽車走
遍了瑞士。最後，憑著一種抑制不住的衝動，開車直奔巴黎。

　　她完全孤身一人，因為她已經不可能和任何人交往。甚
至聽到人的聲音都產生反感，而當人們到她房間裡來的時

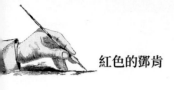

候，也好像離她很遠，不像是真實的。特地到瑞士來陪她的奧古斯丁也沒有消除她的愁苦。

在巴黎涅伊的工作室裡，鄧肯請來了好友斯金。斯金熟悉的琴聲挑起了鄧肯的萬千思緒，頓時，她淚飛如雨。

孩子死後，這是她第一次哭。她的全部身心都投入到了這場哭泣之中，好比一隻小船在波濤洶湧的大海裡不停地搖晃。

鄧肯跑出了屋子，她開著汽車，以每小時 80 公里的速度向前飛馳。她恨不得把一切都碾碎在車輪底下。汽車越過阿爾卑斯山，駛入義大利。在維亞雷礁，一場暴雨劈頭蓋臉而下，遊人四散逃竄，只有鄧肯開著車在水道上狂奔。

忽然，鄧肯發現前面有一個人在悠緩地走著，視風雨如無物。她一襲白衫，長髮飄揚，其高視闊步的器宇軒昂，宛若天人。車子停在了她的身旁。鄧肯一眼就認出來了是埃莉諾拉‧杜絲。

鄧肯跳下車，緊緊擁抱著杜絲，淚水匯著雨水，哭聲和著風聲。良久，杜絲輕輕地說：「我都知道了，伊莎朵拉。走，上車去，給我談談迪爾黛莉和派翠克吧！我喜歡聽他們的故事。」

與杜絲的相逢，使鄧肯意識到，她此前之所以不能和別人共處，是因為他們都在演戲。他們總是很善意地勸她

忘掉過去，但這種安慰多麼蒼白。杜絲從來不說「你不要悲傷」，而是和鄧肯一起悲傷，她想像著迪爾黛莉的舞蹈天賦，她吻著派翠克的照片，淚流滿面。兩個人共同承擔著悲傷。

杜絲熱愛詩人雪萊，常常在暴風雨中閒庭信步。她認為，雷電是雪萊的魂魄，她永遠追隨著他。當閃電劃破天際，掠過深暗的波濤時，她指著大海對鄧肯說：「你瞧，那是雪萊閃亮一生的餘暉。他就在那裡，漫步在波峰浪尖之上。」

鄧肯失子的世俗之苦，在這場暴風雨中，漸漸消融於杜絲先知般的指引裡，彷彿《神曲》中貝雅特麗斯對但丁的指引。

鄧肯在杜絲的別墅附近租了一棟小白屋，她們時刻在一起，談心，散步。一次，杜絲望著那高山對鄧肯說：「你看那克羅采山兩側峻峭嵯峨的峭壁懸崖，它們在鬱鬱蔥蔥的吉拉登山坡之旁，相比陽光下的萬紫千紅，顯得何等陰森可怖！但是只要你再往黑暗突兀的克羅采山峰之頂望望，你就可以發現有白色大理石在發射光輝，等待著雕塑家去把它變成永垂不朽的作品。吉拉登山產生的僅僅是人世間需要的贅足之物，而克羅采山峰卻鼓舞著人的夢想。藝術家的生活就是如此，黑暗、憂愁和悲劇雖在其中，但是它給人以雪白的大理石，從而萌發人的靈感。」

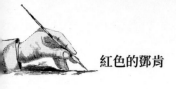

這天傍晚，鄧肯打電話找來斯金彈琴。這是從 4 月 19 日以來她第一次跳舞舒展腰肢，她跳起貝多芬的《悲愴奏鳴曲》。

鄧肯終於又投進了藝術的懷抱。

杜絲走上去，擁著她，諄諄地說：「伊莎朵拉，這才是你唯一的出路呀！生命是多麼短促，我們沒有時間再這麼無聊地等下去。擺脫憂傷和無聊吧！」

秋天快要來到，杜絲搬到她佛羅倫薩的公寓去了。鄧肯也放棄了那死氣沉沉的別墅，先到佛羅倫薩，然後到羅馬，打算在那裡過冬。她在羅馬過了聖誕節，光景十分淒涼，但是她對自己說：「不管怎樣，我並沒進墳墓或者瘋人院，我還在這裡。」

斯金仍然和鄧肯在一起。他從來不問什麼，從來不懷疑什麼，只是把他的友誼、崇敬，還有他的音樂奉獻給鄧肯。

面對世界大戰烏雲

鄧肯遊蕩了很久，忽然有一天，羅紅林的一封電報打動了鄧肯塵封已久的心，也喚醒了她內心深處對藝術的渴望：

> 我在 1908 年與你初次相識，是想來幫助妳的，然而，我們的愛情造成了悲劇。但是，讓我們按照妳的意願建立你的學校吧，讓我們在這個悲哀的世界上為別人創造美吧！

鄧肯接受了羅紅林這種以藝術的名義發出的邀請,第二天就起程回到了巴黎。

羅紅林替她在克利龍飯店預備了幾間極華麗的房子,到處都擺滿了鮮花。鄧肯在這裡把自己的經歷和悲傷告訴了羅紅林。羅紅林下決心幫助鄧肯創立學校,讓鄧肯以美來照亮這個世界。

他買下了貝爾維大旅館,將它交給鄧肯。倘若在這裡辦成一所學校,至少可以容納 1,000 名兒童。鄧肯在市中心舉行了一次嚴格的選拔考試,初選出 50 名預備生,再加上原來舞蹈學校的學生,還配備了女保育員,這個頗具規模的學校便開張了。

舞蹈教室就是原來飯店的餐廳,掛上了藍色幕布。在長長的房間的中心,鄧肯搭了一個平臺,有梯子可供上下。這個平臺供參觀者使用,有時創作舞蹈的人來試演他們的作品也坐在這裡。

鄧肯這時認識到,普通學校的生活之所以枯燥乏味,部分原因是地板都在一個平面上。因此她在好多房間之間建造了小通道,一邊通上,一邊通下,把餐廳修整成倫敦的英國下議院的樣子,一排排的座位分層排列,分成兩邊,漸次向上延伸。年紀大一些的學生和教師坐在較高的座位上,小朋友們坐較低的座位。

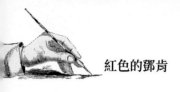

鄧肯在這裡過了一段平靜的執教生活，她又一次找到了從事教學的勇氣，而學生們學起來簡直神速得驚人。開學不過3個月，他們的進步使來看他們的所有藝術家都為之驚嘆，讚賞不已。

正巧，羅丹就住在學校對面默東的小山上。他來得很勤，一來就坐在練功房，幫孩子們畫速寫。他有時興致很高，跟著學生們一起跳舞，動作滑稽得令人捧腹。孩子們當然不懂得羅丹的意義，他們只是喜歡這個怪老頭。哪一天他不來，學校就像少了一點什麼，乏味多了。

羅丹則感慨道：「要是我以前有這麼好的模特兒，那就妙極了。這些按照自然和諧規律成長起來的模特兒兒，不僅僅是美麗，而且展示了運動中的生命。他們是表現生活的生動活潑的最佳形式。」

羅丹帶動了一大批畫家手揣速寫本來到貝爾維。透過舞蹈學校，在畫家和模特兒之間產生了一種新的理想的關係，模特兒兒不再是那種乾巴巴地坐在畫家工作室裡的小傻瓜了。

鄧肯又希望在這所劇院裡實現她的夢想，把音樂、悲劇和舞蹈各種藝術以其最純潔的形式融合在一起。在這個劇場裡，穆奈·薩利、埃莉諾拉·杜絲或者蘇珊·德勃雷將表演俄狄浦斯、安提戈涅或者埃列克特拉，她的學生們將為這些劇的合唱部分表演舞蹈。

奧古斯丁有時給學生們朗誦莎士比亞劇作中的片段，或

者拜倫的長詩。鄧南捷對學校也很熱心，經常和她們一起吃午飯或晚飯。

學校最早畢業的那一小批學生，現在已是亭亭玉立的大女孩了。她們幫鄧肯教小同學。看到女孩們身上發生的巨大變化，看到她們在自己的教導下增長了知識，鄧肯信心百倍。

1914 年，鄧肯心中醞釀著一個宏大的計劃。她要用1,000 名學生來表演第九交響樂。她每天增加了幾小時排練時間，這時，她又懷上了羅紅林的孩子，使她累得大部分時間只有靠在長沙發上，用手臂做動作教課。

6 月，他們在特羅卡德羅舉行了一次狂歡節。鄧肯坐在包廂裡看學生表演舞蹈。有些節目一演完，觀眾就站起來熱烈歡呼。閉幕的時候，他們不住地鼓掌，不肯離去。這些孩子雖不是受過專門訓練的舞蹈家或者演員，卻受到非同尋常的熱烈歡迎。

然而，到了 7 月，一股濃厚的烏雲沉甸甸地壓在歐洲的上空，一種可怕的鬱悶籠罩了巴黎城。

鄧肯覺得肚子裡孩子的活動比較微弱，不像前面兩個那樣有勁，她的心裡十分不安。

為了不出意外，7 月中旬，羅紅林提出把學生送到英國德文郡他家裡去過假期。於是，在一天早晨，全體學生分別來向她告別。她們要在海濱度過 8 月和 9 月再回來。

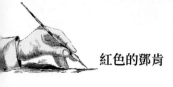

　　鄧肯想靜養一段日子。每當站在學校的高臺上眺望全城，她總感到有一種懾人的危險正飛快向巴黎進逼。

　　一天清早，凶訊傳來，曾熱忱支持過鄧肯的奧國皇儲斐迪南在薩拉熱窩被刺身亡。這也是第一次世界大戰的導火線。

　　8月1日，鄧肯感到了分娩前的初次陣痛。奧古斯丁、伊麗莎白、瑪麗、學生艾爾瑪都趕來了。在她房間的窗戶下面，人們在大聲叫嚷戰爭動員的消息。天氣很熱，窗戶開著。鄧肯的喊聲、痛苦呻吟和掙扎呼喚，同外面「隆隆」的鼓聲與叫喊聲混雜在一起。

　　鄧肯想知道是不是打起來了，但眼前最要緊的是生下孩子。

　　最重要的是醫生，可惜好友博松大夫入伍去了，接替他的是一位陌生的大夫。

　　經過一番艱苦奮鬥，鄧肯終於聽到了嬰兒的哭聲。護士把一個男嬰送到她的懷裡，伊麗莎白說：「伊莎朵拉，祝賀妳，妳又快樂了。」

　　「戰爭爆發了嗎？」鄧肯心中納悶。

　　晚上，房間裡擠滿了來祝賀的人。鄧肯的眼裡淚水盈盈，生命的那一點點汁液都化成了這一汪鹹澀的水。她輕輕地逗弄著嬰兒：「你是誰呀？是迪爾黛莉，還是派翠克？你又回到我的身邊來了，我的小寶貝。」

小東西緊盯著媽媽，似乎是笑了一下，突然憋住呼吸，好一會兒，才籲出一口長長的氣。

鄧肯嚇壞了，趕忙喊來護士。護士一看，迅即將嬰兒抱了出去。

彷彿一個世紀過去了，無限漫長的等待。

奧古斯丁終於進來了：「苦命的伊莎朵拉，孩子死啦！妳一定要挺住。」

「為什麼才來告訴我？」

「搶救了一個多小時，我們才放棄。」

鄧肯的眼前，立即幻化出一片洶湧的大海，波濤席捲，濁浪排空。她看見了死神的面孔，美麗而冰冷，嘴裡叼著的正是她的孩子。

鄧肯昏迷了兩天兩晚，滴水未進，第三天才醒來。她望著斯金，低沉地說：「謝謝你來見我最後一面，我一定要去照顧我的 3 個孩子，哪怕是下地獄。」

斯金情緒激動地說：「伊莎朵拉，命運是對妳太殘忍了，妳的痛苦無比深沉。我們都能理解妳，希望能夠幫妳分擔。所以，在妳昏迷的時候，我們這些人都陪著你，兩天兩夜，誰也沒合上一眼。

「可是，妳知道外面的世界是什麼模樣嗎？戰爭這個惡魔正在奪去成千上萬人的生命，到處硝煙瀰漫，殺聲震天，

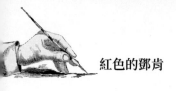

傷兵、死屍從前線源源不斷地運回來。妳想想，相比之下，妳個人的這點痛苦又算得了什麼！妳是一個非凡的人，命運折磨妳，就是因為它看準了妳是非凡的。和命運抗爭吧，伊莎朵拉。」

舞起革命的馬賽曲

鄧肯以堅強的毅力，又掙扎著站了起來。她把貝爾維開關成傷兵醫院，學校被迫暫時解散。所有的床上，都躺著缺手臂少腿的士兵、軍官，有的已經奄奄一息。鄧肯的耳邊響起了蕭伯納的警世之言：

> 只要人類不斷折磨和屠殺動物，吃牠們的肉，我們就
> 不可避免戰爭。

這句話深刻地印在鄧肯的腦海裡。以後，她給任何學生都只吃蔬菜和水果。

鄧肯能夠走動之後，便和瑪麗離開貝爾維舞蹈學校到海邊去了。這時，第一次世界大戰激戰正酣。通過戰區的時候，鄧肯說出自己的名字，受到了極大的禮遇。值勤的哨兵說：「這是伊莎朵拉，讓她過去吧！」

鄧肯覺得這是生平從未享受過的無上光榮。

歐洲的戰亂，使奧古斯丁和伊麗莎白都回到了紐約。他們把學校也帶過去了，不斷拍來電報，要鄧肯去主持工作：

「離開這個傷心之地吧，回到你的故鄉，才能夠療救你心靈的創傷。」

鄧肯踏上了歸途。剛從流血的、英雄的法國回來，看到美國對戰爭明顯漠不關心的態度，她心中深感義憤。在這裡，沒有誰關心戰爭，沒有誰過問流血和死亡。

她對伊麗莎白說：「我要演出，要用舞蹈號召美國青年起來保衛時代的最高文明。巴黎正在鐵蹄之下啊！我要用馬賽曲來鼓動觀眾的精神，祈禱盟軍的勝利。」

大都會歌劇院。鄧肯裹上紅色圍巾，跳起了《馬賽曲》。她英姿颯爽，豪氣勃發。英雄的力量透過一浪高過一浪的掌聲，注入美國人的心間。

結束動作模仿著名雕塑家呂德塑造的法國凱旋門上的不朽形象，單臂高舉，指向天空；肩膀傾斜，俯向大地。赤裸的半邊身子，直到腰部，都統一在一個舞姿之中，泛著大理石般的潔白光華。

美國的各報紙似乎都在鄧肯的舞蹈與學說中奮發起來。有一家報紙上登載著如下的文字：

> 伊莎朵拉‧鄧肯女士那種英姿勃勃的姿態，就像巴黎凱旋門上的不朽塑像。當她把這個雄壯的形象經過藝術加工再現出來的時候，鼓動了觀眾的高度熱情。觀眾為這種崇高藝術作品的生動再現，爆發出歡呼，不斷叫好。

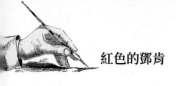

鄧肯的工作室很快就成為詩人和藝術家的聚會場所。從此，她重新抖擻精神。當她發現新建的世紀劇場還空著，就把它租來供演出旺季之用，著手在那裡創作《酒神之舞》。

戰爭在美國的唯一跡象就是物價飛漲，學校很快難以維持。鄧肯的觀眾大部分是處於社會最底層的平民百姓。他們感動了她，於是帶著學校和樂隊全班人馬為他們做免費的演出。但鄧肯這個行動使她很快就陷於完全破產的境地。

無奈之下，鄧肯決定帶著學生返回歐洲。可是，直到輪船起航前 3 小時，她還沒有弄到錢買票。

一位著裝素雅的年輕女子走進了鄧肯工作室：「聽說妳們今天要動身去歐洲，是嗎？」

「是啊，我們一切都準備好了，但還沒有買票的錢。」

「需要多少？」

「大約 2,000 美元。」

年輕女子馬上打開錢包，抽出兩張 1,000 美元的鈔票放在桌上：「能在這點小事上幫助妳們，我太高興啦！」

「謝謝。美國還有妳這樣有同情心的富人，我也太高興啦！」

「妳弄錯了，我並不是富人。說實話，為了這筆錢，我昨天把全部股票和債券都賣掉了。妳的事業就是我的事業。」

「對不起，請問您叫什麼名字？」

「露絲。」

露絲將鄧肯一行送到了碼頭。鄧肯教孩子們列隊站在甲板上，每個孩子的袖子裡藏著一面法國國旗。待汽笛長鳴，輪船離岸，他們一齊揮動旗子，高唱《馬賽曲》。

戰爭還在繼續。鄧肯不得不以5分利息向高利貸借錢支付學校的昂貴費用。沒有錢，她只好回到紐約。之後，她意外地與羅紅林會合。

羅紅林得知學校的窘況，馬上籌措了一筆巨款，想把學生們接回紐約。然而，這筆錢到達學校時，學生們已經被他們的父母領回去了。

多年辛苦建成的學校就這樣解散了。鄧肯的情緒又跌入了低谷。紐約的寒冬不失時機地降臨，昔日強健的鄧肯如今近乎蒲柳之質，弱不禁風。

戰爭結束重建學校

1917年10月，俄國爆發了十月革命。消息傳到紐約，鄧肯就像打了一針強心劑一樣振奮起來：「一想到受苦受難的人們，一想到那麼多為人類獻身的人們，我的心在燃燒，熱血在沸騰。」

這時，奧古斯丁回來了。不久，6名年紀大點的孩子也跟著來了。

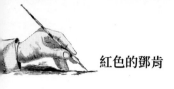
羅紅林在麥迪遜廣場花園頂層租了一間大工作室，鄧肯和她的學生每天下午在那裡練功。早晨他帶她們乘車沿哈得孫河岸做長時間的巡遊。他還給她們每一個人都送了禮物。

鄧肯又渾身充溢了藝術的活力，她在大都會歌劇院登臺表演，主題是：世界對自由、復興和文明的希望。

這次演出是鄧肯一生中最美好的經歷之一，紐約所有的美術家、演員、音樂家都蒞臨了。因為完全沒有票房賣座多少的壓力，鄧肯舞跳得特別興高采烈。

在演出終場時，鄧肯表演了《馬賽曲》，作為最後一個節目。觀眾掌聲雷動，為法國和協約國熱烈歡呼。

從此，每場演出的最後，鄧肯必跳《馬賽曲》，紅色紗巾在強勁激昂的旋律中飄蕩。

後來，因為鄧肯教一個漂亮小夥子跳快步探戈舞，羅紅林又一次大發雷霆，就和她分手了。

鄧肯又變成孤身一人，欠了旅館一大筆錢，還負擔著學校的巨大開支。她把羅紅林送給她的一串鑽石項鏈送進了當鋪。

這時正是演出季節結束，什麼樣的活動實際上都不可能有。幸而她的行裝裡還有一件貂皮大衣，箱子裡還有一塊極貴重的祖母綠，那是羅紅林在蒙特卡洛從一位賭光了錢的印度王子手裡買下來的。鄧肯把那件貂皮大衣賣給了一位著名的女高音歌唱家，祖母綠賣給另一位女中音歌唱家，然後在

長島租了一所別墅度夏，把她的學生也安置在那裡。她等待著秋天的來臨，那時又可以演出賺錢了。

過了兩個月，鄧肯到加利福尼亞去演出。在這次旅行演出過程中，她從報上知道了羅丹的死訊。一想到再也見不到好朋友了，鄧肯哭得很傷心。

鄧肯抽空去了一趟舊金山去見母親，她們已經好多年沒見面了。母親形容枯槁，已遠非 20 年前抱著極大希望去尋求成名、尋求好運的那個冒險勁頭十足的女子。她們一造成克里弗飯店吃飯，母親一言不發，也吃得很少。她老了。

鄧肯痛苦地想：「人總得老，總得死。」

她的心中湧起一股莫名的悲涼，淚水差點奪眶而出。

在舊金山，鄧肯還遇到了鋼琴家哈羅德・鮑爾。使她大為驚異和高興的是，他告訴她，與其說她是舞蹈家，還不如說是音樂家。他還說，是她的藝術使他懂得了巴赫、蕭邦和貝多芬的音樂裡那些不易理解的地方。

哈羅德觀察力極為敏銳，善於思考，超乎常人。他不像大多數音樂家，他的眼界並不侷限於音樂。他對一切藝術都有精闢獨到的見解，在詩歌以及極為深刻的哲學方面也有淵博的知識。

兩個同樣熱愛崇高藝術理想的人遇在一起，就都有了一種真正的陶醉之感。她向他揭示了音樂藝術的祕密，而他也

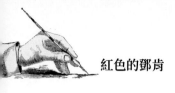

向她揭示了舞蹈藝術的某些寓意，那恰是鄧肯做夢都未曾想到過的。

在美國的生活奮鬥，已經使鄧肯精疲力竭，失去了勇氣。於是，她想回巴黎去，在巴黎也許能把財產變賣一些錢。

瑪麗已從歐洲回來，從巴爾的摩打來電話。鄧肯把自己的困境告訴了她。瑪麗說：「我的好友戈登·塞爾弗里奇明天動身去歐洲，要是我求他一下，他一定會給你一張船票的。」

鄧肯欣然接受了這個建議，第二天早晨，她就從紐約乘船出發了。到了倫敦，她已經沒有錢去巴黎了。因此，她在公爵街找了個公寓住下，然後打電報給巴黎各方面的朋友求援。

後來算是僥倖，她遇上法國大使館的一位人物。他向鄧肯伸出援助之手，帶她到了巴黎。鄧肯在巴黎奧賽飯店租了一個房間住下，向放債人借錢應付開支。

歐洲還處在戰爭之中。每天大砲轟隆不止，每天都有不幸的消息傳來。自相殘殺正在消耗著人類的元氣，幾千年文明孕育的精、氣、神，以及文學的韻致、音樂的旋律、舞蹈的曼妙、雕塑的凝重，都在濃濃的硝煙中被一點點蠶食。

此刻的鄧肯，既無法登臺演出，又窮困潦倒，身無分文。鄧肯常常坐在窗前或門口，期待著飛來一枚炸彈，結束她的困苦。

這時，她遇到了形貌酷似李斯特的青年鋼琴家華特·拉梅爾，鄧肯很喜歡華格納的一首歌曲《天使》，於是就稱他為「大天使」。他的演奏有一種難以言傳的狂放之氣，這種狂放之氣使鄧肯的舞蹈重新活躍起來。她又開始召集自己的學生，意欲再展宏圖。

同時，可惡的戰爭總算是結束了。鄧肯和華特一起去看勝利閱兵式，他們在凱旋門向那些風塵僕僕的士兵們致敬。

他們高呼：「世界得救了！」

回到邦浦路鄧肯新的工作室，她一直無法平靜下來，華特近乎狂野地彈起了李斯特的《荒野的祈禱》。

恍惚中，鄧肯又看到了戰爭猙獰的面孔，又聽到了「隆隆」的大砲聲和垂危戰士的微弱呻吟。一種神祕的力量支配著她，一定要遠離戰爭！她奮力舉起雙臂，靈魂從體內向上升起，猶如「聖盃」的銀色光輝飄浮騰躍，沖入雲霄。

鄧肯並不滿足於追求她已經找到的幸福，重建學校的老想法又回來了。為了這個目標，她發了電報給在美國的學生們。

學生們來了，個個年輕漂亮，而且頗有成就。鄧肯聚合了幾個忠實朋友，對他們說：「咱們到雅典去看看衛城吧，咱們有可能還是把學校設在希臘。」

但鄧肯原先準備建在山上的房子也成了一片廢墟，夕陽和羊群出沒其間，濃重的蒼涼與寂寞，像一隻巨鷹，啄食著鄧肯的心。

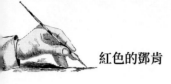

她不知不覺地又來到了伊沙卡的帕提農山岩，2,000 多年前，莎芙縱身一跳的身姿該是何等的優美啊。鄧肯久久地佇立岩頭，只要瞬間的意念，她就可以跳下去。在鄧肯的靈魂深處，死神是鬥不過藝術之神的！最後，她意外地對著大海深深地鞠了一躬，然後退下山岩。

這時，她最好的學生艾爾瑪來到她的身邊，悉心照顧她的生活起居。艾爾瑪大大的眼睛和圓圓的臉龐，同迪爾黛莉長得非常相像。

鄧肯問她：「妳願意做我的女兒嗎？」

艾爾瑪答道：「我從來就把您當母親待的。我 7 歲那年，親生母親死於瘟疫，您將我招進學校，我才免受街頭流浪之苦，您是我的再生之母。」

鄧肯說：「那妳就做我的養女吧！啊，我的迪爾黛莉都這麼大了。」

1920 年，鄧肯離開了希臘。這是鄧肯最後的一次希臘之行。她已經 42 歲了。

這年夏天，鄧肯在巴黎進行了一系列的演出，節目之一是根據蕭邦的音樂演出的舞蹈。她把這些舞蹈設計成具有史詩般的性質：《悲慘的波蘭》、《英勇的波蘭》、《波蘭的鬱悶與歡欣》。

演出的那天，劇場裡座無虛席，觀眾熱情洋溢。演出結束時，精神振奮的人們把大束大束的玫瑰和百合，還有用紫

羅蘭和蘭花編成的花束投向臺上，鄧肯不得不頻頻答謝，她們腳下鋪滿了鮮花。

觀眾呼聲不斷，鄧肯又加演了《馬賽曲》。觀眾看得如醉如痴，歡呼聲和喝彩聲甚至掩蓋了音樂伴奏的聲音。

舞蹈結束，鄧肯披著鮮紅色的圍巾，站到舞臺前面，用不太流利的法語發表了即席演說：

> 你們知道為什麼今天大家聚集在這裡，這不是為了我，也不是為了你們自己，而是為了這些幼小的孩子，她們將在未來舞蹈。
>
> 我並沒有創造出自己的舞蹈，它已先我而存在。但它休眠著，我只不過發現了它，並將它喚醒。
>
> 當我談到我的學校的時候，人們並不了解，我所渴望的孩子是戰時的孤兒，他們一無所有，既失去了父母，也沒有了家庭，至於我自己呢？我不需要太多的錢。閃閃發光的貴重飾物非我所求，婦女手中的一枝花，在我看來，比世上所有的鑽石與珍珠都更美麗。
>
> 我希望我的學生們能夠讀懂莎士比亞，能讀但丁，能讀莫里哀。
>
> 舞蹈就是生命。這正是我所想要創立的一所充滿活力的學校的原因。在這裡人們最寶貴的財富是他的靈魂和他的想像力。給我吧，請你們的總統給我100名戰時的孤兒吧，5年之後，我送還你們的將是出乎想像的美麗和財富。

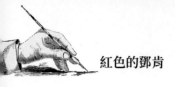

從今以後，可能會有一種新的生活出現，我不知道這
將是一種什麼樣的生活。但是我知道，世界上最富有
的，莫過於那些意志堅強、想像力豐富的人。

請大家幫助我建立起這所學校吧，否則我就到俄國去
和布爾什維克黨人合作。我對他們的政治一無所知，
我不是一個政治家。

但是我將對他們的領導人說：「把你們的孩子交託給
我，我將教會他們像神一樣地舞蹈，否則，就請把我
暗殺掉。」

開辦不了學校，我寧願被暗殺，這比活著但實現不了
自己的願望要好得多。

1921 年 4 月，鄧肯奔赴倫敦，與華特合作進行一系列的
演出。倫敦市民興高采烈地歡迎這位偉大的舞蹈家。所有她
的老朋友，諸如小迪爾黛莉的祖母艾琳·泰瑞、藝術家奧古
斯塔斯·約翰、司各特小姐，還有許多詩人、音樂家、畫家擠
滿了她在克拉里奇的沙龍。各種報紙上出現了對她的長篇頌
揚文章。

正當這個時候，一個來自蘇維埃俄國的商務代表團在倫
敦進行訪問。代表團由一位具有相當文化修養和討人喜歡的
布爾什維克黨領導人之一的列昂尼德·克拉辛率領。他聽說
這位國際上著名的舞蹈家對新生的俄國很感興趣，就到鄧肯
登臺演出的威爾士王子劇院去拜訪了她。

那天，鄧肯演出的恰巧是柴可夫斯基的《斯拉夫進行曲》，由倫敦交響樂團伴奏。克拉辛像所有觀看過這出表現斯拉夫民族的壓抑與自由的舞劇的人一樣，被舞蹈家的藝術語言感動得熱淚盈眶。

演出結束後，他立即奔到後臺，向這位舞蹈家表示敬意。就在那間劇院的化妝室裡，他們簡短地同時也是半開玩笑地討論了鄧肯去俄國開辦舞蹈學校的問題。

「伊莎朵拉，您的舞蹈可以和清風明月相媲美。」

「謝謝。您是俄國人？」

「不，我是蘇維埃俄國人。我叫列昂尼德·克拉辛，正帶著蘇維埃的商務代表團在倫敦訪問。」

「蘇維埃俄國，對，克拉辛同志！」

說完，兩人都大笑起來。

「我能去你們蘇維埃俄國辦一所學校嗎？」

「我們求之不得。」

「真的？」

「那好，我將把您的意願不折不扣地帶回我們國家。我想全蘇維埃俄國人民都會張開雙臂迎接您的。請您等候我的回音。」

「我等著。」

於是，克拉辛向莫斯科發了電報。幾天後，他又去鄧肯

紅色的鄧肯

下榻的旅館，建議她發表一項聲明，以表達她去蘇維埃俄國辦學的願望。

鄧肯給當時的人民教育委員阿納托爾·瓦西里耶夫·盧納察爾斯基寫了一封信：

> 我從未想過用我的工作來交換金錢。我需要的是一個工作場所、一座能容納我和我的學生的住宅、簡單的伙食、樸素的衣著，以及能發揮我們才能的機會。
> 如果你們能夠接受這些條件，那麼我將前來為蘇維埃俄國的未來和她的孩子們效勞。
>
> 伊莎朵拉·鄧肯

不久，鄧肯在她巴黎的排練室裡舉行了一次宴會。她的所有朋友都來了，其中有幾位是俄國僑民：柴可夫斯基小姐，她是前沙皇政府農業部長的女兒；馬克拉科夫，原俄國駐法大使，還有其他一些人。

當他們得知鄧肯真的下定決心要去蘇維埃俄國，驚訝得目瞪口呆。他們原以為這不過是她一時的奇思怪想，卻不料是她的真誠願望。

柴可夫斯基小姐懇求鄧肯別去蘇維埃俄國。她告訴鄧肯她父親轉來的一封信，這封信是一個身在蘇維埃俄國的人寫給她父親的。

信中談到發生在那裡的無可名狀的恐怖：

　　看看他們幹的好事吧！由於缺乏糧食，他們正在宰殺
4 歲的兒童，把他們的四肢掛在肉舖裡出售。

　　鄧肯天生的懷疑精神使她拒絕相信這種誇大其詞。當其
他幾位在場的俄國友人振振有詞地證實這些消息，央求她取
消這次旅行時，她的臉色看上去顯得蒼白而嚴肅，只說了一
句：「噢，如果真是這樣，那麼我必須去那裡！」

　　宴罷客散以後，只有鄧肯和養女艾爾瑪在一起，有關布
爾什維克的恐怖的談話，仍縈繞在她們耳邊。鄧肯開玩笑地
說：「別擔心，艾爾瑪。要吃的話，他們當然先吃我，我長得
比你胖。那時，你趕快逃跑就是！」

　　6 月初，鄧肯離開巴黎去布魯塞爾，她在那裡做了一些
演出，然後在她的 3 個學生陪同下前往倫敦。她和倫敦交響
樂團合作，由德西雷・德福指揮，在皇后大廳進行了一系列
的演出。

　　一天，克拉辛邀請鄧肯和艾爾瑪一造成蘇維埃俄國大使
館赴宴。她們發現，這位商務專員和他的夫人十分殷勤好
客，這使得她們對布爾什維克黨人殘暴成性的恐懼感頓時煙
消雲散。

　　克拉辛告訴她，莫斯科當局不但決定按照她的願望為她
招收 1,000 名兒童，而且還向她提供位於克里米亞的美麗的
利瓦季亞皇帝行宮！

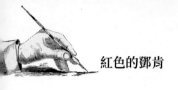

一切似乎都很順利，有了那個具有遠見卓識的政府的大力支持。還有什麼比這更高的奢望呢？

奔赴紅色的蘇維埃

1921 年 7 月 12 日，鄧肯接到了蘇維埃俄國政府人民教育委員盧納察爾斯基拍來的電報：

> 只有蘇俄政府能了解妳，歡迎速來，我們幫妳建設學校。

鄧肯迅即打點行裝，至於衣服，她只拿了一件紅色的法蘭絨短外套。7 月 13 日，鄧肯登上「巴爾坦尼克」號航輪的甲板，帶著她的學生起航去蘇維埃俄國。

鄧肯登上「巴爾坦尼克」號航輪時，人們全都以為她在發瘋。新聞界的反映雖然說辭不一，但都對鄧肯的出走感到匪夷所思。

當輪船向北方行駛的時候，鄧肯回頭眺望，不禁感到輕蔑和憐憫：「再見吧，你那使我辦不成學校的舊世界的不平等、不公正的殘酷無情！舊世界，別了！讓我們歡呼新世界的來臨！」

當輪船最後到達目的地時，她的心高興得快蹦出來了。這一次她的歡欣是為了美麗的新世界，是給予這個同志們的新世界。

以燭光照明的列車沿著無人照管的軌道徐徐前進。她們發現，同車廂的一個陌生人原來是布爾什維克黨的一名送急件的機要員。他是一個內向而溫和的年輕人，一點也不像圖畫裡畫的那種殘忍的布爾什維克黨人。

這個年輕人在這群生氣勃勃、談笑風生的藝術家面前，很快就感到如沐春風。在去莫斯科的路上，他不僅是一個很好的旅伴，而且還給了她們很多的幫助。

火車到達了俄國邊界，鄧肯一行被人用車從車站直接送到彼得格勒蘇維埃總部所在地德安格爾特勒旅館，那裡當局已為她們安排好一個房間。

休息片刻，她們就去遊覽市區。鄧肯對彼得格勒有特殊的好感，但現在它的變化實在太大了！看著空蕩蕩的久未擦洗的商店櫥窗，看著緊抱著一小包一小包食物匆匆而過的行人，她不禁回想起這座城市昔日的奢侈與繁華。

最後，她來到冬宮，這座昔日的皇宮如今已用做兒童醫院。

從彼得格勒到莫斯科只需 14 個小時的時間，可她們卻足足走了 28 小時！火車於 7 月 24 日早晨 4 時徐徐駛入莫斯科車站，那天正是星期天。

一進入莫斯科市郊，鄧肯一行就感到十分興奮。但當她們看到沒有一個人前來迎接她們時，心就涼了一半。尼古拉

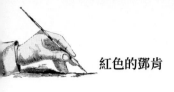

斯基車站空空蕩蕩,漆黑一片。沒有歡顏笑語,沒有鮮花和擁抱,就連問一聲「哪一位是鄧肯女士」的人也沒有。另外幾名旅客走下火車,匆匆走出這個冷冷清清的車站,他們知道目的地已到。

這一行人於是趕往劇院廣場。在一度曾是十分豪華的首都旅館,蘇維埃的第二號機構就設在那裡。外交人民委員奇切林和他的工作人員就在那裡辦公。在這些女士們留在車裡的時候,那位機要員將各類公文傳遞箱一一傳送出去。

車子的馬達聲早已停息,廣場上萬籟俱寂。遠處,克里姆林宮高大的圍牆聳立在廣場的那一邊,整個場景就像俄羅斯民間故事裡的一幅插圖,完全不是現實世界。

鄧肯和艾爾瑪緊挨著坐在一起。在慢車裡經歷了 3 天異常興奮但又累人的旅行,此時她們已筋疲力盡。她們頓時感到飢腸轆轆。從「巴爾坦尼克」號上登陸以來,她們還沒有好好地吃過一頓飯。

她們很快就發現食品匱乏,幾乎看不到有什麼吃的東西,即使看到了,也不能購買,因為每人都由政府定量配給。早在第一天的火車旅行以前,午餐籃裡的食品已經吃完。

車上供應的大粗黑麵包,實在無法下嚥。她們那由於不正常的進食造成紊亂的消化系統,對此無能為力。

　　突然在二樓的一扇窗子亮起了燈光，一個男人的身影從窗口探了出來。她們一邊拍手一邊想，這才是她們見到的第一位真正的布爾什維克。

　　人影從窗口縮了回去。過了幾分鐘，一個穿著黑色服裝的高大男子朝她們走來。他傾身向前，吻著鄧肯的手說：「您還記得我嗎？」

　　鄧肯仔細端詳了一番，然後想起他的名字來了 —— 弗洛林斯基。1918 年她曾在美國見到過他，當時人們稱他為弗洛林斯基伯爵。

　　她們止不住地大笑：「沒想到，在莫斯科的心臟裡見到的第一個真正的布爾什維克竟是弗洛林斯基伯爵！」

　　弗洛林斯基把她們安置在他的私人辦公室裡。弗洛林斯基邀請她們到附近的薩沃烏旅館去就餐，那裡他有一個房間。他用奶油麵包捲和不加糖的茶款待這兩位餓極了的女士。

　　旅館裡只剩一個可以出租的房間。當她們進入那個空房間，才發現房間裡只有一張床。床上既無床單，也無枕頭。鄧肯就睡在這樣的床上，艾爾瑪湊合著蜷縮在一張小沙發上。讓她後悔千里迢迢地來到這裡，只能坐在唯一一把椅子上。儘管這樣，她們也都睡著了。

　　對於鄧肯受到的冷遇，盧納察爾斯基的解釋是：「我們等了她 3 天，可她突然在晚上到達。」

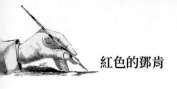

其實，他的內心裡並不相信鄧肯真的會拋棄歐洲繁華舒適的大都市生活，來到新生的、尚處於動盪不安之中的蘇維埃俄國。

鄧肯到達的消息一傳到這位人民教育委員耳中，他就感到十分內疚，他立即安排鄧肯3人住進格爾采爾公寓。

第一個來拜訪的客人當然是史坦尼斯拉夫斯基。他正在謀求將柴可夫斯基的歌劇《葉甫蓋尼·奧涅金》搬上舞臺。鄧肯勸他放棄這種努力，她一貫對歌劇不感興趣，認為「音樂劇是胡鬧，說、唱、跳三者是不能混合的」，兩人很友好地爭論起來。

3天後，鄧肯收到了一封請柬，蘇維埃俄國政府將為她設宴洗塵。鄧肯興致盎然，她身著鮮豔的紅色上裝，繫紅色髮帶，穿紅色便鞋，出現在會上，理直氣壯地宣布：「我是紅色的！」

但是，鄧肯覺得她所看到的一切，與她理想中的差之甚遠。她的心裡有些黯然。但盧納察爾斯基的致詞給了她極大的安慰：

> 鄧肯被譽為「動作的皇后」，但在她的全部動作中，她所採取的最近一個行動 —— 不畏長途跋涉，不管擔驚受怕，來到了蘇維埃的紅色俄國，這是最美麗、最高尚的行動，理應受到人們的高度讚美。

　　歐洲輿論界對鄧肯在蘇維埃俄國的活動大肆渲染。他們稱鄧肯為「共產黨員鄧肯」、「紅色鄧肯」，甚至惡意詆毀說：「一個人老珠黃的芭蕾舞女演員，廉價賣給了布爾什維克。」

　　艾爾瑪氣得哇哇直叫。鄧肯笑著說：「不要氣，妳越氣他們越高興。資產階級就是這樣低級趣味，他們是無可救藥的。」

　　一天，鄧肯帶著艾爾瑪和盧納察爾斯基為她配備的祕書伊利奇·什尼切爾，一道去莫斯科河邊散步。

　　在麻雀山下的一片綠蔭裡，一個身穿軍大衣、戴著將軍領章的中等個子迎面走來。他臉形瘦削而剛毅，渾身都透出一種堅強的氣息，而筆挺的亞麻色的鬍鬚充滿了成熟男性的魅力。

　　什尼切爾介紹道：「鄧肯女士，這位是波德沃依斯基，『十月彼得格勒』軍事委員會主席，攻占冬宮的指揮者，現任體育教育人民委員，正帶領一支運動員團隊從事體育場的建造。」

　　鄧肯一聽，連忙伸出手去：「我向您表示敬意。自從基督教以來，布爾什維克從事的乃是拯救人類的最偉大的事業。」

　　波德沃依斯基也熱情地說：「謝謝你對我們事業的支持。鄧肯同志，我早聽說過你了，歡迎，歡迎。」

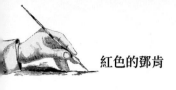

鄧肯問道：「我計劃來這裡辦一所學校，您願意幫助我嗎？」

波德沃依斯基回答：「我非常願意。但我擔心你的學校會削弱孩子們剛強的性格。」

說著話，波德沃依斯基帶著鄧肯幾位爬過山岡，指著綠色斜坡頂端的那幢樓房說：「妳們的學校將設在那裡。」

一群年幼的孩子從樹林裡跑了過來，他們赤著腳正好向一撮碎玻璃奔去。

鄧肯舉起手想把他們叫住，卻被波德沃依斯基阻止：「未來的革命戰士必須學會勇敢，不怕任何險惡與困苦。」

走下山來，波德沃依斯基拉著鄧肯的手說：「請跟我來。」

他引導著她走上了一條小路，越往前走越陡。鄧肯感到整個人都在向下俯衝，滑倒了好幾次，衣服也被樹枝劃破了。但她沒有膽怯。

到家以後，和波德沃依斯基接觸仍使鄧肯感到非常激動。她坐下來寫下了對這位生氣勃勃人士的印象。她認為，她應該向全世界宣傳這樣的人物。

她把稿件寄給了一家英文報紙的編輯。這位編輯不但發表了這篇文章，而且還送給一張支票支付稿酬。

收到這張支票後，鄧肯比以往每次得到舞蹈演出的大筆收入或者她的崇拜者們的熱烈掌聲還要高興。

她想長期保存著這一張代表著第一次靠她的寫作賺來的報酬，但當食物變得越來越緊張時，她只好將它換成了錢幣，用這些錢給她的學校的孩子們買了蘋果。

日後，波德沃依斯基成了鄧肯終生敬慕的人物。

走入最後一次婚姻

1921 年 8 月上旬，日子一天接著一天地過去，可是有關學校的事情還是一無進展，新的住處也沒有著落。鄧肯心急如焚，生怕這次蘇聯之行一無所獲。她最怕無可奈何的閒散，渴望能盡快實現自己的理想。為了消磨時光，白天她在城裡散步，晚上常去劇院閒逛。在那些日子裡，劇院都可以隨便出入。

在麻雀山度過一週的簡樸生活後，鄧肯決定搬回市裡。因為這時，教育人民委員會的官員終於設法在一所大樓為她找到了一個住處，並表示這座樓也可以供學校辦公和學生們居住。

鄧肯滿懷熱情地投身於新學校的籌備工作。政府讓她搬到了條件更好的巴拉紹娃別墅。但是，1,000 個兒童和一個大劇場依然只是空想。從目前的設備來看，只能辦一所容納 40 名兒童的寄宿學校，學生年齡在 4 歲至 10 歲之間，特別強調優先錄取工人子弟。

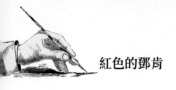

莫斯科對全體居民實行配給制。身為藝術家的鄧肯和艾爾瑪享受腦力勞動者的供應，領到一定數量的白麵、魚子醬、茶葉和白糖。每隔兩星期，讓娜就要拎著大菜籃到克里姆林宮分配辦公室為她的女主人同志領供給物品。

每當食物領回家後，慷慨大方的鄧肯總要舉辦「烙餅宴會」，款待她那些半飢半飽的詩人和藝術家朋友們。他們似乎都在盼望著這一時刻的到來。短短幾小時內，領來的白麵就全變成了烙餅，魚子醬也全都抹在了餅上。

在新工作室裡，一位青年小提琴家奏起舒伯特的《萬福馬利亞》，鄧肯款步走向房間的盡頭，在微弱的燈光下，開始婆娑起舞。這首歌頌母愛的動人心弦的詩篇是她在新的工作室裡演出的第一個舞蹈。

年輕的鋼琴師皮埃爾·呂博斯希特茲來到這裡後，鄧肯和艾爾瑪便能將一些空閒的時光用來練習舞蹈和編排新的節目。在這段時間內，鄧肯根據斯克里亞賓的樂曲創作了兩個舞蹈。當她們為朋友們表演這兩個曲目時，他們深為傾倒。

借助於蘇聯作曲家的這兩支練習曲，鄧肯凝練地表現了饑荒給伏爾加地區帶來的恐懼和冷酷。這兩個舞蹈具有一種強烈的恐怖之感，一種可怕的力量。

10 月中旬，普列特奇斯堅卡 20 號的大門敞開了，迎來了希望學舞的孩子們。他們成群地蜂擁而至。

在參加考試的孩子們中，鄧肯只選拔了 50 名天賦最高的孩子作為即將成立的學校的學生。

11 月 7 日，蘇聯將慶祝十月革命 4 週年。盧納察爾斯基問鄧肯：「您是否願意那天晚上在大劇院舉行的節日演出中表演舞蹈？」

由於他們希望她是節目中唯一的舞蹈表演者，所以這次機會對她不顧那麼多的誹謗和反對而來俄國的舉動真是一次極大的榮譽和讚頌。於是鄧肯告訴好友盧納察爾斯基，能在這種情況下在蘇聯第一次公開演出，她將引以為榮。全部入場券將免費送給工人和紅軍。

鄧肯決定跳柴可夫斯基的樂曲《第六交響曲》和《斯拉夫進行曲》。而且，她還依照《國際歌》編了個舞蹈，作為對觀眾的特別敬意。

節日慶祝的組織者們得悉鄧肯的節目內容之後，對《斯拉夫進行曲》感到擔憂。他們知道，古老的沙皇讚歌《上帝保佑沙皇》中的幾個小節編進了柴可夫斯基這一進行曲的樂曲中。於是派盧納察爾斯基去看一看鄧肯對這一樂曲的表演上是否有對國家不利之處。

盧納察爾斯基來參加最後的排練，看著鄧肯在柴可夫斯基那激動人心的樂曲聲中，表現出俄國人民所受的壓迫和悲慘的生活，以及他們最終的解放。他離開劇場時，依然沉浸

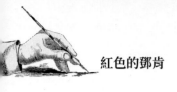

在舞蹈家所創造的感人的力量和罕見的悲劇美之中。

　　莫斯科大劇院可以容納 3,000 人，但是超過 10 倍的熱情洋溢的黨員想要一睹廣為談論的鄧肯的舞蹈。在這 3 萬人中，有一位矮個子，前額凸出而光滑，雙目炯炯有神，神采飛揚，融正義、智慧和膽略於一身，盡展大國領袖的非凡氣度，那是列寧。

　　《真理報》、《消息報》以及所有的工人報紙都向讀者介紹了這位世界聞名的舞蹈家，報導了她是那樣勇敢地離開了「面臨崩潰的資本主義歐洲」，來到這裡為這個新生共和國的孩子們工作的事。

　　1921 年 11 月 7 日，鄧肯為觀眾表演了以柴可夫斯基樂曲伴奏的舞蹈。當盧納察爾斯基以熱情洋溢的結束語結束了他的演說、管絃樂隊奏起了《國際歌》時，觀眾們全體起立，精神抖擻地唱起《國際歌》來。

　　直到 12 月 3 日，舞蹈學校才掛上了「伊莎朵拉‧鄧肯公立學校」這個光榮的名稱，正式成立接收寄宿生，這些孩子們才每日前來學習鄧肯和艾爾瑪教授的基礎課程。

　　有一天，莫斯科畫家格奧爾基‧雅庫洛夫的工作室裡，正在舉行文藝界朋友的聚會。雅庫洛夫是 26 名巴庫委員紀念碑的設計者，一位光芒四射的俄羅斯詩界新星、年輕詩人謝爾蓋‧葉賽寧為此專門寫了一首《二十六人敘事詩》獻給他。

雅庫洛夫還是卓有成就的戲劇藝術家，常常擔任莫斯科大劇院的主角。這次聚會，他特別邀請了初來乍到的鄧肯。

鄧肯獨自坐在靠裡邊牆角的沙發上，雙手撐額，好像是在思考著什麼，等待著什麼。

忽然，一個小夥子破門而入，直闖進來，一邊高喊著：「鄧肯是誰？她在哪？我要見見她！」

鄧肯抬起頭來看著他，問道：「你又是誰？」

「我叫謝爾蓋‧葉賽寧。」

葉賽寧被認為是十月革命後的作家群中最有才華的詩人之一。他高高的個子，長著一對藍眼睛和兩道擰在一起的金黃色眉毛。他既漂亮又聰慧。在他的品格與富有詩人氣質的性格中，有一種類似於羅伯特‧彭斯和阿爾蒂爾‧蘭波身上的某些氣質。革命後，他在莫斯科定居下來。

葉賽寧痴痴地望著鄧肯，他不自覺地跪伏在沙發旁。

鄧肯纖細的五指插進了葉賽寧蓬鬆的金髮裡：「金髮小冒失鬼。」

當大家聽到鄧肯說出這幾個字時，都感到很驚訝，她總共只知道別人教她的十幾個俄語單字啊！

然後，鄧肯吻了吻葉賽寧的嘴唇，從她那鮮紅的小嘴中，帶著愉快親切的語調，又說出一個俄語單字：「天使。」她又吻了他一下，說：「魔鬼！」

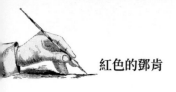

清晨 4 時，葉賽寧與鄧肯雙雙出門，坐上同一輛馬車離開了雅庫洛夫的家。在巴爾紹娃別墅，鄧肯傾聽著葉賽寧朗誦自己的詩歌。她似懂非懂地恍惚置身於一種音樂的氛圍裡，葉賽寧抑揚頓挫的聲調激發了她舞蹈的熱情。

她站起來，伴著那平平仄仄的詩行，用舞蹈表現自己對葉賽寧作品的理解。

葉賽寧的好友馬連果夫以及意象派的那群詩人們，都成了巴爾紹娃別墅的座上客。鄧肯對一下子能和這麼多俄羅斯詩人交朋友，感到非常高興，她愉快地與他們一起朗誦詩，舞蹈，喝酒，通宵達旦。但不久，她發現這些人中，除了葉賽寧的天才可與惠特曼一比，其餘人則是瘋勁有餘，詩味不足。

鄧肯在與葉賽寧的愛情中，愛得那麼痴迷，那麼投入。而葉賽寧是個情緒不定的人，有著粗魯與傲慢。他經常粗魯地對待狂熱地愛著他的鄧肯。

在這場愛情中，鄧肯更像一個充滿了博大的愛的母親，而葉賽寧則是一個任性的、不懂事的無賴兒童。在鄧肯的眼裡，葉賽寧就是她的兒子派翠克的化身。因此，在她對葉賽寧傾注出全部的愛中，大部分都是母愛。

她曾對好友瑪麗說：「妳看見共同點沒有，他活像小派翠克。派翠克要是活著，一定會跟他一樣的。我能讓他受一點委屈嗎？」

所以，馬連果夫無法理解，為什麼葉賽寧施加給鄧肯粗暴責罵與毆打，鄧肯都能原諒、寬容並為之辯護。

鄧肯勸葉賽寧不要和馬連果夫們過從甚密，引起了葉賽寧的不滿。他竟然會在酒醉時當眾侮辱鄧肯。有一次，意象派詩人們又在巴爾紹娃別墅聚會，鄧肯正興致勃勃地要賓跳舞，被葉賽寧魯莽拒絕。他說：「妳的舞跳得很糟，我能跳得比妳更好。」

說著，就瘋子一般地在房子裡繞著圈子，發出怪叫，他那些狂放不羈的詩人朋友們大聲喝彩。

鄧肯的心裡一陣絞痛，這倒不全是為了葉賽寧的瘋狂，而是她的眼前意外地幻化出派翠克慘白的面孔，他已經顯露出精神疾患的某種症狀……她掛著淚花，默默地退了出去。

鄧肯用作學校的那所房子雖然寬大，卻沒有火爐取暖的房間，這大概是政府為幫助她實現俄國之行的計劃所真正免費慷慨提供的僅有之物了。

富於同情心的盧納察爾斯基親自來告訴鄧肯，政府已改變了主意，他們不能再繼續支持這所學校。他們正在經歷一次嚴重的經濟危機。但是，由於目前允許商店開門營業，而且准許劇院在上演節目時收費，因此，鄧肯可以為觀眾買票演出。那樣，她應當能夠在目前把學校辦下去。也許過一段時間，在較為安定時，政府會盡可能地在各方面幫助這所學校。

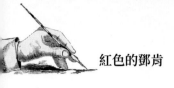

為了使這所學校能夠生存下去，鄧肯到蘇聯各地，甚至西伯利亞的荒原去演出。因為這是她在這個寒冷、飢餓和成長中的新國家中，懷著堅定的信念所創辦的學校。

於是，在 1921 年底前，鄧肯開始舉行營業性演出。這些演出是在濟明劇院舉行的。儘管這個劇院比莫斯科大劇院大得多，3 個晚上的每一場演出，劇院全都被真正喜愛舞蹈藝術的熱情觀眾擠得水洩不通。

鄧肯這些演出賺到的錢，無法去買到閃閃發光的裝飾絲帶或五彩繽紛的明亮易碎的燈泡之類的裝飾品，但她為學員們買了木柴和食物，還為聖誕節買了一棵冷杉樹擺在大廳裡。

懂事的孩子們用靈巧的手指，把彩紙剪開、折疊和盤繞起來，做成各種精巧別緻的形狀，然後用這些摺紙把深綠色的樹枝打扮起來。

看到這些發自內心的快樂的孩子們，圍著他們的第一棵聖誕樹歡快地跳舞，鄧肯在失望的苦澀中，多少嘗到了一點甜蜜。

1922 年初，葉賽寧住進了普列特奇斯堅卡 20 號漂亮的公寓，開始了與鄧肯的同居。

意象派詩人們雖然知道鄧肯試圖疏遠葉賽寧和他們的關係，但他們都對鄧肯有著良好的印象。他們並不欣賞鄧肯和

葉賽寧的戀情，這一方面由於鄧肯力圖拉遠葉賽寧與意象派同人的距離，更重要的一方面則是，他們對詩人葉賽寧太了解了，發生在葉賽寧身上的所謂愛情，注定只是一場遊戲。

日子一天天過去了，這一時期，鄧肯在列寧格勒進行了一系列演出，3月，她從列寧格勒回到了莫斯科。學校走上了正軌。她不在莫斯科時，由艾爾瑪照管這所學校。

葉賽寧像從前一樣常來。鄧肯經常接待朋友、記者、美國救濟協會的成員和其他人的來訪。一天早晨，一封從巴黎打來的電報送到了她的房間。她用紅腫的眼睛看著電文：

多拉·格雷·鄧肯於 1922 年 4 月 12 日在巴黎其兒子的寓所中逝世。

當時，她的母親正在巴黎，與雷蒙德住在一起。她的身體狀況不佳，正在生病。但鄧肯沒想到母親這麼快便永遠離開了她。而且後來她聽說，母親臨終前，一直念叨最讓她牽掛的女兒伊莎朵拉。

從此，鄧肯在莫斯科越來越坐臥不安了，她感到自己必須離開莫斯科一段時間。一方面擔心葉賽寧的健康狀況，更重要的是到外面的世界去巡迴演出解決學校的資金問題。而且，可能的話，帶上一些最好的學生，以顯示一下她正在完成的工作。

鄧肯於是打電報給紐約的著名演出主辦人尤羅克，問他

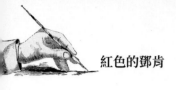

是否能為自己在美國安排一次巡迴演出。尤羅克回電說，他很願意安排這樣的巡迴演出，但是提出在秋季之前無法安排。

　　鄧肯計劃這次帶著葉賽寧一起出行，以便為他徹底檢查一下。由於擔心諸如護照等出國以後可能遇到的麻煩，一向反對結婚的鄧肯決定和葉賽寧到政府機關辦理結婚手續。

　　1922 年 5 月 2 日，伊莎朵拉·鄧肯與謝爾蓋·亞歷山德羅維奇·葉賽寧在莫斯科辦了結婚登記。他們結婚的消息透過海底電纜向全世界發出後，震驚了所有熟悉鄧肯的人。

　　航程已經安排好，先去柏林，班機凌晨起飛。全體學生都要求到機場送她們親愛的老師，於是，什尼切爾花了很大工夫借了莫斯科當時唯一的一輛公共汽車，在車身上，貼著一條醒目的大橫幅：

　　有自由的身體才有自由的精神！

　　葉賽寧是第一次坐飛機，他無比激動，雙手握成拳頭，不斷地劃向空中。

美國之行充滿艱辛

1922 年 6 月，鄧肯帶著葉賽寧起程，經呂貝克、萊比錫、法蘭克福、魏瑪等地橫跨德國。

在威斯巴登，鄧肯請醫生對葉賽寧做了一次全面的身體檢查。得出的診斷是，葉賽寧的健康情況不妙，他必須戒酒兩至三個月，否則就會成為一個狂躁症患者，神經衰弱也將更為嚴重。

葉賽寧在鄧肯親自擬寫的戒酒書上顫抖著簽下了自己的名字。

在威尼斯，葉賽寧無心欣賞水城的曼妙風光和義大利源遠流長的繪畫、雕塑、音樂、文學，而是迫不及待地要鄧肯新聘的祕書基納爾將他的詩歌譯成英文。

基納爾問他：「你為什麼急著把自己的作品譯成英文？」

葉賽寧說：「要是我的詩不用英文發表，會有多少人知道我的名字？會有多少人讀我的俄文詩歌？我們的農民都是文盲……」

基納爾打斷了葉賽寧的話，她還不太了解葉賽寧的性格，她繼續說：「詩歌不像舞蹈，舞蹈是形體語言，是直觀的藝術，所以它不需要翻譯。在這一點上，伊莎朵拉比你幸運。」

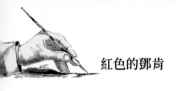

葉賽寧臉色陰沉下來，剛才還閃閃發光的眸子也陡然灰暗。他的嗓門越來越大：「但舞蹈家絕不可能偉大，更不可能不朽。」

鄧肯馬上反駁說：「對於舞蹈家，她的偉大建立在能夠給予人們一些他們永遠不會忘記的東西。雖然可能不懂舞蹈，但舞蹈已經使他們起了變化。」

葉賽寧吼道：「舞蹈家就像演員一樣，第一代人記住他們，第二代人看書知道他們，第三代人對他們一無所知。人們看你的演出，讚美你，甚至歡呼。可是你死後，沒有一個人記得你。在短短的幾年之內，你就將一去不返，伊莎朵拉不存在了！詩人卻永遠活著。我，葉賽寧，我的詩歌將在身後流傳。」

鄧肯傷心地說：「你錯了。我把美給了人們，當我跳舞的時候，我把自己全部的靈魂給了他們，這種美到處存在。美是不會死的，美是上帝。」

到了鄧肯一直稱之為「現代雅典」的巴黎，葉賽寧對巴黎一見鍾情：「美極了，這是真正的文化。這裡一切都美！」

在這裡，葉賽寧才顯示出作為一個詩人的本分，他好幾個月都埋頭寫詩，與鄧肯的相處也十分愉快，雖然還是免不了吵架，但詩歌常常能擺平葉賽寧狂暴的脾氣。

在這裡，比利時作家弗朗斯·海倫斯決定和他的蘇聯妻

子一起，將葉賽寧的詩集《流氓的懺悔》譯成法文。海倫斯不拘泥原詩的韻腳，而又力求準確動人，是上乘的譯筆。譯本由鄧肯出資，在巴黎一家俄國出版社付梓，印了兩次，共1,023冊。

1922年9月，葉賽寧懷揣著這本詩集，意氣昂揚地跟著鄧肯登上了駛往美國紐約港的「巴黎號」輪船。

10月1日，星期日。屹立在紐約港口的自由女神像躍入了葉賽寧的眼簾。他和鄧肯比肩站在甲板上，眺望著威武崇高的女神，兩個人的內心都湧起了複雜的情感。

鄧肯像看到了久違的母親，淚水盈眶：「我身上的藝術之光、精神之火、自由之魂，都是母親，是我的國家賦予的。」

葉賽寧也驀然莊重起來，他以詩人的目光注視著女神，喃喃自語，誰也聽不懂他在說什麼。

但是，鄧肯接到移民局一位官員的通知：鄧肯夫婦被拒絕進入紐約。那位官員講話十分客氣，但卻不作任何解釋：「是的，是的，你們的簽證完全合格；哦，是的，鄧肯小姐是美國人，出生在美國，父母也是美國人。但是……」

他說不出任何不准鄧肯入境的理由，前來採訪的一位記者向鄧肯暗示說：「他也是奉了華盛頓方面的命令，當局認為，您和您的丈夫是專到美國來宣傳可怕的『赤色』瘟疫的。」

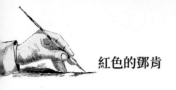

官員要他們去埃利斯島移民區過夜。

鄧肯雕像般地挺立在甲板上，一字一句地說：「我和我的丈夫絕不會到移民區去，那對我們是一種羞辱。」

幸好「巴黎號」船長莫拉斯果斷地邀請他們作為貴賓留在船上，才避免了事態的進一步擴大。記者聞風而至，鄧肯嚴肅地說：「荒唐透頂！我們是想告訴美國人民，可憐的蘇聯兒童正在挨餓，絕不是來宣傳蘇聯的政治。謝爾蓋不是政治家，他是位天才，偉大的詩人。我們到美國來的唯一願望，就是告訴人們蘇聯人的誠意，並為恢復兩個偉大國家的友好關係而工作。既非政治，也非宣傳，我們僅僅是為藝術界工作的。我們相信，蘇聯和美國的首腦正準備相互理解。」

鄧肯對記者微微一笑，接著說：「我們的手續完全合法。阻止我們是因為我們來自莫斯科，害怕我們宣傳所謂的『赤色』瘟疫。有一件事情讓我吃驚，聽說美國政府不同情革命。我曾經常受到這樣的教育，即我們的祖國是經過一場革命才建立起來的，我的曾祖父威廉·鄧肯上將就在那次革命中盡了他崇高的職責。」

美國所有的報刊都報導了這位舞蹈家及她的新婚丈夫到達美國並被移民局扣留了的事。《紐約先驅論壇報》馬上發表了著名歌劇演員安娜·菲特齊烏的抗議書：

伊莎朵拉‧鄧肯入港受阻，上帝也會笑掉大牙！以創造舞蹈新藝術而飲譽全球的舞蹈大師伊莎朵拉‧鄧肯竟然被當成一位危險的移民！

更多的正直的辯護者為鄧肯的遭遇向當局提出了嚴正的抗議。

第二天一早，鄧肯夫婦被長時間的審問後，官方確信了這對夫婦不是「為蘇聯政府服務」而來的，「沒有把某種文件帶進美國」，給予放行。

10月7日，星期六，紐約卡內基音樂廳內人頭攢動，3,000名慕名而來的崇拜者們不時地報以掌聲和歡呼聲，熱鬧非凡。外面還擠著數百名觀眾，伸長脖子，踮起腳跟，企望能得到哪怕是一張站票。

接下來在紐約的幾場演出，都非常成功。每次演出結束時，為了答謝觀眾不肯平息的掌聲，鄧肯都到櫃檯作一番熱情洋溢的演說。

然而在波士頓，那裡觀眾的麻木和音樂廳冷峻的黑暗激怒了鄧肯，在演出結束時，她在頭頂揮舞著紅絲綢圍巾，大聲發表演說：

你們必須讀馬克西姆‧高爾基的著作。他說過，世界上有三種人，黑色的人，灰色的人和赤色的人。黑色的人就像從前的羅馬皇帝或者沙皇，他們都是些帶來恐怖的人，想控制一切的人。

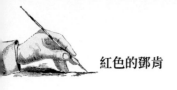

赤色的人就是那些為自由，為精神不受限制的發展而
歡欣鼓舞的人。灰色的人就像那些牆壁，就像這座大
廳。瞧這些頭頂上方的雕像吧，它們不是真的，把它
們拆除得了！我簡直不能在這裡跳舞，這裡沒有真正
的生活。

這就是紅色，我也是紅色的！這是生命和活力的顏
色！你們過去曾經是不受文明社會約束的，現在也仍
然帶著發自天性的感情來欣賞我的藝術吧！

此刻，一些老年人從座位上站起來匆匆離去。哈佛大學
的青年學生，以及來自波士頓音樂美術學校的青年男女留下
來歡呼喝彩。

鄧肯繼續說：「感謝上帝，波士頓的評論家們不喜歡我。
假如他們喜歡我，我反而會覺得自己沒有希望。他們喜歡我
的材料。我要給你們一些發自內心的東西，我給你們帶來了
真正有價值的東西。」

帷幕緩緩降落，鄧肯再次揮舞紅圍巾。觀眾在歡呼
喝彩。

第二天，波士頓所有的報刊都把矛頭對準了鄧肯。

鄧肯在波士頓遭到禁演的處罰，她趕往芝加哥，臨走
前，她對前來看望她的記者發表了一篇演講：

如果說我的藝術是某一事物的象徵，那就是婦女自由
和婦女從墨守成規的習俗中，即從新英格蘭清教徒的

枷梏下解放出來的象徵。展示人的身體是藝術，隱蔽它才是低級庸俗。每當我跳舞的時候，我的宗旨是為了喚起人們的尊重，而不是提倡任何卑下的東西。

……我寧願全裸體地跳舞，也不願像當今美國街頭上半裸的歌舞女郎一樣，帶有挑逗性地，裝模作樣地走在大街上。

……我不明白，清教徒的這種庸俗作風為什麼一定要制約著整個波士頓？但看來事實的確如此。其他城市則不同。那裡既不存在怕美恐懼症，也無人假笑著欣賞滑稽的半裸體。

她的講話被斷章取義地從波士頓電發或郵發到其他各州的所有報社。「紅色的伊莎朵拉與清教徒的波士頓」成為許多社論的標題，無數以「大眾精神」、「美國人」、「抵抗紅色」、「熱愛真理的人」等名義書寫的信件在報上不斷刊載。

到了芝加哥，事態繼續惡化。幾乎所有上層人士都要求立即驅逐「紅色舞蹈家」。

經紀人對鄧肯一系列演出計劃的被取消感到十分不安。他打電報給鄧肯說，再也不要做落幕前的講話了。但鄧肯在芝加哥觀眾的熱情鼓勵下，她再次走到臺上，面帶非常天真的微笑，向他們講話：「我的經紀人告訴我，假如我再發表講話，我的巡迴演出就要告終了。那也很好，我的演出是要結束了。我就要返回莫斯科，那裡有伏特加酒、有音樂、有詩歌、有舞蹈。哦，對啦，還有自由！」

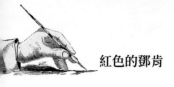
　　全場爆發出雷鳴般的掌聲。鄧肯深受鼓舞，繼續說道：「我為什麼不能發表講話？我聽說你們的歌星阿爾・喬爾森比我的講話要長得多，比我的反政府情緒要強烈得多。這或許是因為他生有一張黑色面孔。只要讓我講話，我也可以戴上黑色面具嘛！」

　　臺下又一次傳來笑聲與喝彩聲。

　　結束了芝加哥的演出，鄧肯又回到紐約的旅館。那群記者又來採訪。鄧肯毫不客氣地對他們說：「我是來這裡休息的，我需要從我整個旅行期間所遭受的、來自美國新聞界的迫害中恢復過來。我每次來到美國，他們都如同一群狼一樣圍著我嚎叫。他們就像對待罪犯一樣對待我。他們說我是布爾什維克的宣傳者，這不符合事實。我現在跳的舞蹈與布爾什維克主義尚未形成以前跳的毫無兩樣。

　　「波士頓的報紙編造說，我將衣服扯掉，並且揮舞著高喊『我是紅色的！』這完全是謊言。我的舞蹈被全美國的舞蹈學校模仿，而當我親自登臺演出時卻遭到誹謗，這是為什麼？他們樂意仿效我的舞蹈構思，卻又不去幫助它的創作者。我的舞蹈，一直在激勵著全世界的藝術家對美的追求與熱愛，然而在波士頓，只因一位愛爾蘭政治家說我的舞蹈不規矩，就被禁止上演。這裡包含著你們美國清教徒氣質的習俗和教義。」

在紐約做了短暫休息之後，鄧肯再次按約西下。她一系列需要完成的預約演出首先從印第安納波利斯開始。

11 月 22 日，鄧肯來到路易斯維爾，舉行了一場演出。繼而她又由那裡出發，開始奔赴預約過的堪薩斯城、聖路易斯、孟菲斯、底特律、克利夫蘭、巴爾的摩和費城等若干大城市，做短暫的巡迴演出。她的演出預計在布魯克林結束，因為那裡的音樂學校為她在聖誕節之夜安排了一場演出。

1923 年，鄧肯計劃離開美國，她返回紐約，1 月 23 日星期六晚上以及隨之而來的星期一晚上，在卡內基音樂廳舉行了最後兩場告別演出。

由於報紙上攻擊性的宣傳把她搞得精疲力竭，再加上葉賽寧脆弱的神經不堪失望，一直酗酒，以致身無分文，到了不得不借債的地步。

鄧肯和葉賽寧在讓娜的陪伴下於月底乘船返航。

臨行之時，鄧肯面對著許多前來採訪的記者，憤激地發表了在美國最後的演講：

> 我的確不該對你們這些記者再說一句話……在我演出期間，你們的報紙不惜整版刊登有關我私生活的詳情細節。我吃的什麼，喝的什麼，與誰交往等諸如此類的事，但隻字未提我的藝術活動。
> 實用主義是美國的一大禍害。這將是你們在美國見到我的最後一次，我寧願在蘇聯生活，啃黑麵包，喝伏

特加，也不願住在這最豪華的旅館裡。你們對愛情、
食品，甚至藝術一無所知。

假如我是作為一個籌借款項的外國金融家前來，我將
會受到隆重的歡迎。由於我僅僅作為一位世界公認的
藝術家前來這裡，反而將我看作一名危險分子被送到
埃利斯島上。

我並不是無政府主義者，也不是布爾什維克。我的丈
夫和我都是革命者。所有的天才人物都配得上這一稱
號，每一位藝術家如今必須成為一個在世界上有所創
舉的人。

那麼，再見了，美國！我將再也不想見到你了。

旁邊的葉賽寧猛然靈感也來了，說了一句詩：「美國就像
在歐洲燃燒過的雪茄煙的煙灰。」

幾乎在鄧肯和葉賽寧離開美國的同時，《托萊多之劍》
報上刊登了一則報導：

華盛頓3月9日訊，勞工部已經決定，伊莎朵拉·鄧
肯不是美國公民。勞工部在星期五宣布的決定中認
為，由於她和蘇聯人謝爾蓋·葉賽寧結婚，她已失去
美國公民身分。

美國當然也有明智、正義的人士，馬克斯·伊·斯特曼就
此談了自己的三個觀點：

第一，許多愚蠢的美國人料想著他們嘲笑了鄧肯，他們大錯特錯，是鄧肯嘲笑了他們。

第二，鄧肯不僅僅是第一流的藝術家，而且是一種精神，是一種道德力量。

第三，鄧肯仍然是一個十足的美國人。她被美國放逐，是不可避免的，因為美國歷史上還從來沒有出現過天才婦女。

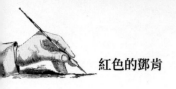

紅色的鄧肯

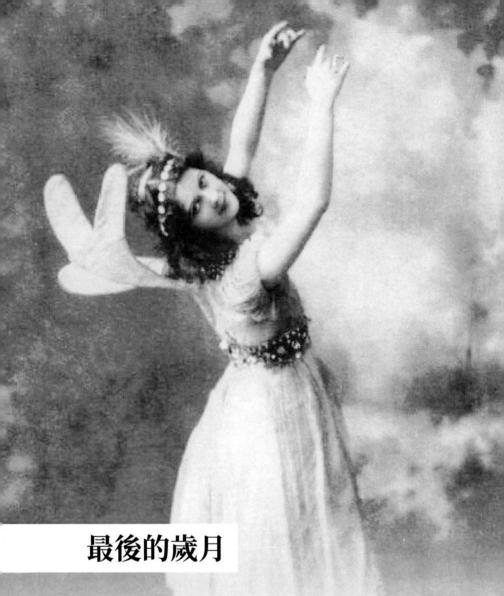

最後的歲月

孩子們生來就和諧優美，生氣勃勃，他們就像潔淨
的陶土，可以被人們打上歡樂、強健、自然等一切
印記。

—— 鄧肯

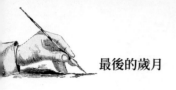

在俄進行巡迴演出

1923 年 2 月 11 日，鄧肯乘「喬治·華盛頓」號輪船，一路伴隨著葉賽寧「美國是混帳透頂的人渣」的詛咒抵達了法國瑟堡。

鄧肯帶著剩餘的貸款抵達巴黎後，她和葉賽寧徑直到了克里永旅館。她病倒了，躺在床上。

重新回到巴黎，回到歐洲，葉賽寧簡直有些受不了。他恨不得立即將對美國的全部記憶都淹沒在酒中。一天夜晚，他從外面返回在克里永旅館的房間，瘋子一般打碎所有的鏡子，並損壞了房間內的木器。警察到來才把他制服，送到附近的警察局。

鄧肯和她的朋友佩克夫人只好又搬到了萊茵旅館。然後，靠幾位有影響的朋友們的幫助，設法從警察局接回了狂暴的丈夫。

葉賽寧一出警察局，鄧肯便設法避開那些糾纏不休的新聞記者，和丈夫一造成了凡爾賽，住在特里亞農旅館。

然而，生性多事而嗅覺發達的美國新聞記者依然聞風緊追，他們的報紙仍在繼續報導鄧肯和她丈夫的活動。

最終決定，葉賽寧最好返回蘇聯，而不要再去冒犯法國警察了。

鄧肯回到豪華大街後，又開始展望未來。她想要演出，可是難以找到一位經紀人。她的祕書喬‧米爾沃德和雷蒙德決定帶上樂隊在特羅卡德羅劇場為她安排兩場演出。由於沒有精心組織好，劇場上座率不好。而經鄧肯的請求，為在蘇聯挨餓的孩子們，他們提前支付了演出所應得的收入。所以，這兩場演出沒有給她帶來任何餘款，能使她再繼續演出。

5月27日，在特羅卡德羅劇場舉行了首場演出之後，鄧肯接待了幾位摯友，一小批藝術家和詩人。

葉賽寧卻與這些客人格格不入，乾脆上樓回自己的房間去了。後來，當有人彈奏貝多芬的奏鳴曲時，他生氣地奔了進來，用俄語吼道：「一幫得意忘形的傢伙，行屍走肉，一群懶漢邋遢鬼，你們把我吵醒了！」

他抓起一個蠟燭臺，朝一面鏡子砸去。頓時，碎玻璃落了一地。有幾個人試圖阻止他，一個僕人打了電話給附近的警察分局。

4名警察很快騎車來到，把葉賽寧帶走。葉賽寧還輕聲地說：「還是警察好，我跟你們走！」

第二天早上，在朋友們的勸說下，鄧肯將丈夫從警察局轉送到療養院。而在葉賽寧的幾位朋友的努力勸說下，鄧肯才允許把丈夫送進一家普通的精神病院。因為療養院的收費之高，令人咂舌。

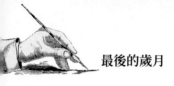

多事的記者們仍然在蒐集著她的私生活，並利用以較大篇幅登載社會醜聞和雜談的報刊進行宣揚。這次鄧肯不再保持沉默，而是在報紙上發表文章予以駁斥。

6月3日舉行第二場演出後不久，鄧肯決定，除了賣掉她在豪華大街的家具，將房子長期租出去，與此時已出院的葉賽寧一起返回蘇聯，別無其他辦法。

家具一件一件地被賣掉了，用這筆錢支付一位每天拿出那張3,000法郎的帳單來催著要帳的裁縫。房子騰空了以後，租給了一個身分不明的蘇聯人。

隨後，葉賽寧就由讓娜陪同去了柏林。而鄧肯因高燒持續不退，卻只得留在巴黎。

沒幾天，葉賽寧從柏林拍來一封莫名其妙的電報：

> 伊莎朵拉，白朗寧手槍定將打死你親愛的謝爾蓋！我
> 親愛的，假如你愛我，請快來呀，快來！

鄧肯急忙將手頭上的3幅埃熱尼亞·卡里耶爾的油畫當了60,000法郎，立即趕赴柏林。

這樣好的題材美國記者當然不會放過，他們對鄧肯夫婦的每一個細枝末節都進行大肆渲染，彷彿把一個細菌擱在千萬倍的放大鏡下，讓人看到奇異而滑稽的場面：

> 接見記者的房間光線很暗，但記者可以看見這位著名
> 舞蹈家眼睛周圍的黑圈。這使人想起從紐約發出的一

篇報導，說伊莎朵拉曾經在一次和她粗野丈夫的爭執中被打得眼圈發青。伊莎朵拉解釋說：「那是描眉筆畫的。」

流言四起。可鄧肯顧不得那麼多了，去柏林前夕，她給《紐約論壇報》的巴黎版寫了一封信，這封信展現了鄧肯對葉賽寧、對藝術、對命運的深刻理解：

> 我寫這些事實是為了公正地對待葉賽寧，你們曾兩次捏造說他打過我。我了解，這是美國新聞界拿別人的不幸和災難開玩笑的一貫技倆。但是，對這位從 18 歲起就飽受戰爭和饑荒恐怖的年輕詩人來說，的確命中注定眼淚多於歡笑。我想，世上所有母親都會同意我的看法。

謝爾蓋・葉賽寧是個偉大的詩人，而且，在正常狀態下，是一個心靈很美的人，所有的人都喜歡他。

高爾基曾對我說過：「自有果戈理和普希金以來，我們還沒有過像葉賽寧這樣偉大的詩人。可惜，果戈理死於精神病，普希金早年遇害，詩人們的命運都帶有悲劇色彩啊！」

你們可以想像，發生的事情使我深深地悲傷難過。我把葉賽寧從生活困苦的蘇聯帶出來，是為了替世界拯救天才。他現在要回到蘇聯去，是為了保全他的理性。我知道，世界上會有許多顆心和我一起祈禱，希望這位想像力豐富的偉大詩人會得到拯救，在未來創造出人類十分需要的美。

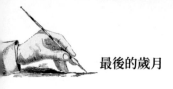

　　當鄧肯的汽車開到柏林阿德龍飯店門前，葉賽寧直撲過來，他越過司機的頭頂，投入了她的懷抱之中。他們擁抱著，長長地親吻。葉賽寧跪在鄧肯跟前，不停地呼喚著她。

　　1923 年 8 月 5 日，在外輾轉奔波了近 15 個月後，鄧肯和葉賽寧抵達莫斯科。莫斯科火車站的月臺上擠滿了前來歡迎的人群，艾爾瑪和什尼切爾都在其列。

　　葉賽寧跟跟蹌蹌地走下了車梯。終於回到蘇聯所激起的巨大的感情波瀾，連同進入故鄉邊境後就不斷吞入肚裡的伏特加酒，使他沉浸在極度的興奮之中。

　　當他們來到學校時，校園裡冷冷清清。孩子們都到農村避暑去了。葉賽寧一頭倒在躺椅上。在他沉睡時，鄧肯講述著旅途見聞，讓朋友們一飽耳福。

　　午飯後，鄧肯建議馬上去鄉下看看為避暑臨時遷去的學校。同孩子們分離一段時間以後，她很想知道他們現在怎樣了，在艾爾瑪指導下進步如何。

　　他們租了一輛汽車，在莫斯科郊外崎嶇不平的簡易馬路上顛簸。醒過酒來的葉賽寧看見了一群悠閒的母牛，興奮得跳了起來，頭重重地磕在汽車頂篷上。他一邊揉著痛處，一邊伏在鄧肯的肩上說：「沒有母牛就沒有農村，沒有農村的蘇聯是無法想像的。」

　　他們足足花了 4 個多小時才到達目的地。當他們來到通向學校的庭園時，夜幕已經降臨。

　　孩子們聽說老師回到了莫斯科，便派出偵察員，等老師一到便由他們用燈籠發出信號。鄧肯一跨出汽車，孩子們便翩翩起舞，簇擁著她進入屋裡。

　　學校一切正常。孩子們的舞蹈越來越迷人，葉賽寧用手拍打著膝蓋，不時地發出爽朗的笑聲，恨不得也加入到那支生動活潑的隊伍當中去。

　　儘管這裡有快樂的孩子們的陪伴，但鄧肯並未在鄉間久留。轉天，大雨傾盆，她極度鬱悶，葉賽寧決定回城，她只好陪著他進城。

　　當他們再次來到普列特奇斯堅卡時，因為一件小事，他們又吵起來了。葉賽寧將屋子裡能摔的東西都摔了之後，一走了之，3天杳無音信。

　　鄧肯天天徹夜難眠，一到清晨，她就起床在外面逡巡，她不斷地對艾爾瑪說：「他一定遇到什麼事了。他受傷了，出事了，得病了。」

　　白天，她在焦躁不安的等待和急切的盼望中度過。到了傍晚，她又喃喃自語：「不能總是這樣，該結束了！」

　　經過3天忐忑不安的等待，鄧肯決定遠遠離開莫斯科，到別處去度過夏季餘下的日子。

　　她出去買了兩張當晚去高加索基斯洛沃德斯克的火車票。認定在她的生活中葉賽寧插曲已告結束，鄧肯不禁產生了一種如釋重負的感覺，開始重新收拾行裝。

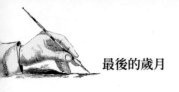

　　讓娜留在巴黎未來，艾爾瑪親自為養母準備旅途用品，她驚訝地發現，鄧肯的衣服少得可憐，她甚至連一件睡衣也沒有，衣箱空空如也，僅有的幾件剛好夠換洗，都是在蘇聯買的。

　　艾爾瑪問道：「我記得您原來有很多漂亮衣服的。」

　　鄧肯苦笑著說：「我在紐約和巴黎買的那些新衣服沒過多久就一一不見了，開始我懷疑讓娜，後來我才偶然發現葉賽寧的一隻皮箱裡躺著我幾天前剛從豪華大街上買的一件黑睡衣。我的衣服陸陸續續不翼而飛，錢就更不用說了。」

　　艾爾瑪不滿地說：「您應該以牙還牙，唯一可行的辦法是，打開葉賽寧所有的箱子，拿回您自己的東西！」

　　鄧肯趕快阻止：「我們不能這麼辦。他有一種怪癖，不准別人碰他的箱子。好幾次他威脅說，如果我膽敢瞧瞧他箱子裡的東西，他就開槍打死我。我知道他在一隻箱子裡藏著一把上了子彈的左輪手槍。我們可不能輕易動他的箱子。」

　　艾爾瑪狡黠地一笑：「反正他不在這裡，我們請個鎖匠來，打開瞧一瞧再關上，他察覺不了的。」

　　艾爾瑪便出去找技術高超的鎖匠，鎖匠用精妙的技藝打開了那把精妙的鎖。裡面除了幾頁稀疏的詩稿外，都是鄧肯的衣物，包括演出穿的裙子。

　　這時，葉賽寧伴隨著一聲狂吼闖了進來：「是誰敢動我的

箱子？我要殺了他！」

艾爾瑪連忙把鎖匠推到身後，走上去解釋說：「我們都以為你不回來了，才準備將你的箱子搬出去，因為我們也要走了。」

葉賽寧這才平靜了一些。隨即，他走向一隻箱子。從衣袋裡掏出一大串鑰匙，挑出其中一把，打開了一隻皮箱。當他正忙於拿出他所要的東西時，鄧肯走過去，飛速拿出了一件衣服。

這一下倒是分散了葉賽寧的注意力：「走？妳要到哪裡去？」鄧肯平靜地說：「永遠離開你。」

葉賽寧看著她。鄧肯轉過身。葉賽寧轉過去，看著她。鄧肯再轉過去。

葉賽寧輕輕地繞到鄧肯的後面，倚在沙發上，俯身對著鄧肯說：「伊莎朵拉，你不知道我有多愛你，我非常非常愛你。」

鄧肯的決心一下就被打碎了，她張開雙臂抱著葉賽寧金色的頭：「謝爾蓋，和我們一起走吧！」

葉賽寧卻說：「伊莎朵拉，我愛你。但我暫時不能去，我們正在努力，政府或許會把我召進克里姆林宮，商談撥款給我們辦雜誌的事。這麼重要的事情，我不能走啊！等我將一切安排好了，我就來找你。我們也許會在克里米亞相聚。」

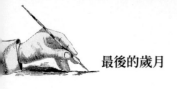

晚上，葉賽寧趕到了車站為鄧肯送行。他難得一回那麼清醒而安詳，臉上掛著純真的笑意，充滿感情地和鄧肯道別。

火車啟動了，鄧肯不停地向葉賽寧揮舞著手中的紗巾，直至那一頭金髮消失在茫茫夜色中。

鄧肯起程前往高加索的基斯洛沃德斯克。這是蘇聯的療養勝地，那裡有溫泉，含礦物質的泉水裝瓶運出，行銷全國各地。

鄧肯和艾爾瑪經過兩天半的奔波，於 8 月的一個清晨 6 時到達這個小鎮。

鄧肯很快就適應了這裡的生活。早晨，她用令人精神煥發的礦泉水洗浴，中午在庫爾豪斯用餐，隨後在附近風光旖旎的鄉間乘車兜風，傍晚又回到庫爾豪斯用餐，飯後去劇院看戲或聽交響樂隊演出的音樂會。這樣生活了一週左右。她感到有些厭煩了，決心振奮起來做些事情。於是，她決定在高加索巡迴演出，首場演出在基斯洛沃德斯克舉行。

基斯洛沃德斯克雖然是一個小鎮，但人聲嘈雜，秩序混亂，有關暴動的消息時有耳聞。這是鄧肯在高加索的第一站，她的心裡掠過少有的緊張。

劇場座無虛席。而兩名全副武裝的肅反官員幾乎與鄧肯同時登臺，他們鄭重地告訴鄧肯：「《斯拉夫進行曲》有『上帝保佑沙皇』一段，所以務必取消。」

鄧肯用結結巴巴的俄語竭力解釋說：「我在十月革命 4 週年的紀念會上，曾在所有的共產主義領袖們面前用舞蹈表演過這支樂曲，盧納察爾斯基同志曾為此寫了熱情洋溢的讚譽文章。我已在世界各地表演過這個節目，現在不準備在一個蘇聯小鎮放棄這一節目。」

但肅反官員是不懂舞蹈的，他們寸步不讓。鄧肯不屑繼續與他們交涉，徑直繞過帷幕走到臺前，面對著急切等待著的觀眾。第一陣熱烈的掌聲平息後，她問劇場裡是否有人能將她的話譯成俄語。坐在第一排的一位男士自告奮勇地站了起來，願意提供幫助。

鄧肯說道：「後臺有幾位警察局的官員。他們來逮捕我！如果我今晚為你們表演柴可夫斯基的作品，他們就要逮捕我。但是即使他們事後拘捕我，我也要跳這支樂曲。無論如何，監獄也不會與大旅館的客房相距太遠吧！」

此時，那位主動擔任翻譯的人大聲說：「鄧肯同志，您不必擔心。我以伊斯普爾科姆蘇維埃主席的身分，准許您表演柴可夫斯基的進行曲。」

觀眾們激動萬分，爆發出雷鳴般的喝彩和掌聲。鄧肯嫣然一笑，向主席致謝後退回了後臺。

兩位契卡官員只好離開了舞臺，鄧肯再次出場。她對柴可夫斯基的兩部作品以及《國際歌》的戲劇性處理掀起了觀

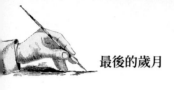

眾們感情上的波瀾，如潮的喝彩聲此起彼伏，一陣高過一陣。上萬觀眾一齊歡呼。鄧肯鞠躬致謝。

當演出結束，鄧肯回到旅館，才知道她的祕書什尼切爾已被逮捕。鄧肯怒火中燒，卻又束手無策。

來訪的作家馬克斯‧伊斯門了解了情況後，告訴鄧肯：「軍事部長托洛茨基同志正在這裡，不妨請他幫忙。但他不見任何人。這樣吧，我因為給他寫傳記，有機會接近他，你寫一張便條，我幫你遞進去。」

幾天後，伊斯門捎了話來：「事已辦妥，平安無事。」

果然，什尼切爾毫髮無損地出來了。

風波之後，鄧肯覺得，如果遷往更邊遠的地區對她和她的朋友們也許會安全一些。因而她決定前往裡海岸邊的石油名城巴庫。

到達巴庫後，鄧肯到歐羅巴旅館。她剛一露面，旅館工作和他的夫人就迎了過來。他們向她問好，歡迎她的到來。他們告訴鄧肯，很早以前，他倆在德國見過她。鄧肯美妙的舞姿已成為他們珍貴的回憶。

在鄧肯逗留期間，他們對她關懷備至，並且總是親自做這做那，在條件允許的情況下，盡量讓她住得舒服一些。

一次，在一個小俱樂部裡，鄧肯為工人子女們舉行了一場免費的午後演出。在節目開始前，她把幾個孩子叫上舞

臺，給他們上了舞蹈訓練的第一課。隨後她表演了幾支舒伯特的圓舞曲、《音樂瞬間》以及蕭邦的小夜曲。

小觀眾們興高采烈地發出發自內心的熱烈的喝采和掌聲。

鄧肯決定接受幾名有舞蹈天賦的孩子進入她所執教的莫斯科舞蹈學校學習。讓他們接受幾年訓練，然後返回巴庫去教其他的孩子們舞蹈。國家石油公司已經同意資助。但在一番討論之後，由於缺少有遠見卓識的政府官員的支持，這項計劃無法實現。

鄧肯十分喜愛孩子們，她仍為孩子們安排了一個特殊的盛會。透過旅館德國工作的熱情幫助，她請來了小管絃樂隊。在他們的伴奏下，她指點艾爾瑪排練了許多她大約在 20 年前自編自演的舞蹈節目。

滿懷失望離開蘇聯

離開巴庫，鄧肯來到坐落在激流奔騰的庫拉河沿岸的梯弗里斯。昔日她來俄國旅行時，曾到過這個古老而又美麗的格魯吉亞首府。

在從巴庫去梯弗里斯的車廂裡，一個陌生人走到什尼切爾身邊問：「鄧肯在這個車廂嗎？我手上有一封葉賽寧寫給她的信，他讓我當面轉交。」

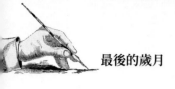

鄧肯接過了那封信，內容很簡單，葉賽寧被雜誌的事絆住了，一時半刻來不了，他還是許諾在克里米亞見面。鄧肯感到奇怪：「怎麼還要留在莫斯科？」

鄧肯到達市中心幾個小時後，高加索共和國主席埃爾耶阿瓦就前來拜訪，並向她表示了敬意。他對這位舞蹈家已久聞大名。埃爾耶阿瓦不僅是位蜚聲全國的革命戰士，而且是個道地的格魯吉亞人，他十分希望鄧肯這次訪問蘇維埃領導下的梯弗里斯，會同前次訪問時一樣順利、愉快。他告訴鄧肯，他非常願意陪她在鄉間乘車出遊。

儘管梯弗里斯近於熱帶氣候，暑氣逼人，但鄧肯在這裡的數場演出仍取得了巨大的成功。

離開梯弗里斯之前，鄧肯前去參觀了無家可歸的亞美尼亞兒童集中營。這個龐大的營地設在距梯弗里斯幾公里的地方。

像平日一樣，鄧肯為孩子們表演了一個樸素的舞蹈，使得他們興高采烈。隨後，透過翻譯，鄧肯為他們上了舞蹈第一課。離開營地時，她許諾捐贈一些紅色舞蹈服裝給他們，教師們可以將衣服送給那些跳得最好的女孩子們。

鄧肯高加索之行的最後一站是籠罩在8月末灼人的酷暑之中的小鎮巴圖姆。鄧肯來到小鎮後，當地政府安排她住進了一座美麗的別墅。革命前它屬於一個法國富豪，這個法國富豪在房前屋後的花園裡栽種了許多歐洲和熱帶花卉。這是

一個樂園,可惜離鎮中心很遠。

此時這裡正是雨季,滂沱大雨已經持續了 48 個小時,鄧肯越來越感到憂鬱。

第三天雨依舊未停,鄧肯悄悄地離開了別墅,來到通往鎮上的大路,搭車向劇院趕去。

鄧肯來到劇院時,雖然全身濕漉漉的,但內心卻欣喜萬分。因為她在那裡巧遇一位格魯吉亞年輕詩人,他是契卡首腦的弟弟。當瓢潑大雨稍小一些的時候,別墅裡的其他客人四處尋找她。在巴圖姆,他們發現她已在這位年輕人的公寓住了下來。

遇到這樣一位聲名顯赫的女士,年輕人不禁有些為之傾倒。並在這裡把她介紹給一些年輕的格魯吉亞詩人。很快,他們把她當作繆斯。隨後,他們在外面的樓梯上坐了一夜,為他們這位新來的繆斯守夜。

直到離開巴圖姆,鄧肯一直住在這位年輕詩人的公寓裡。

這時,黑海艦隊的一艘驅逐艦和一艘潛水艇正在巴圖姆港停泊。一天,政府官員們拜訪了鄧肯,詢問她是否願意為艦長和水手們免費演出一次。她欣然同意,為他們安排了一場日間演出。她用舞蹈表演了柴可夫斯基的曲目,並像平時一樣,以《國際歌》作為演出的壓軸戲。臺下的水兵們起勁地隨著歌唱。

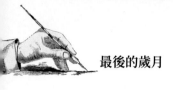

最後的歲月

　　儘管這裡的詩人群體熱忱歡迎鄧肯的到來，並拜她為「繆斯女神」，但這無法驅走鄧肯腦海中另一個詩人的身影：葉賽寧。

　　鄧肯聽說從這裡可以坐小火輪走水路到達克里米亞，她立刻辭別了這群巴圖姆詩人，乘船前往位於克里米亞半島的雅爾塔。她希望那裡會比高加索更容易吸引葉賽寧前去。到達雅爾塔後，鄧肯興奮地給葉賽寧發了電報：速來！

　　但不久的回電令鄧肯悚然一驚：

請不要再給葉賽寧來信和來電。他和我在一起。他永遠也不會回到你的身邊去了。

　　　　　　　　　　　　加琳娜・貝尼斯拉芙斯卡婭

　　鄧肯看過電報後，趕忙召來艾爾瑪和什尼切爾：「你們相信這是真的嗎？這個貝尼斯拉芙斯卡婭究竟是誰？」

　　什尼切爾說：「是葉賽寧過去的朋友。在你之前，他們的關係就很好，但葉賽寧總是和她不冷不熱。」

　　後來鄧肯了解到，這封署名為「貝尼斯拉芙斯卡婭」的電報完全是葉賽寧的親筆，只不過是借了貝尼斯拉芙斯卡婭之名。此刻的葉賽寧，並沒有與貝尼斯拉芙斯卡婭住在一起，主要是他下決心要和鄧肯分手了。當他又接到鄧肯的電報時，匆忙用鉛筆寫了覆電：

248

我早在巴黎時就說過，我要回蘇聯去。我是屬於蘇聯
的。你責怪我，怨恨我吧，我非常愛你，但是我不能
和你一起生活。現在我已經結婚，而且很幸福。我同
樣祝福你。我愛別人，已結婚，並快樂。

葉賽寧

電文是發出了，但鄧肯卻沒有收到。因為她在電報發出
的第二天，即 10 月 12 日，便動身返回莫斯科了。她急於了
解真相。

鄧肯找遍了莫斯科的每一個角落，連葉賽寧的影子都見
不著，他們熟悉的咖啡館和朋友均不能或不肯提供他的線索。

但是，葉賽寧的行為非常不檢，遭到人們的非議，連他的
朋友施奈德也將他從那裡趕了出去。一天下午，葉賽寧終於露
面了，他沖進了鄧肯居住的普列特奇斯堅卡街 20 號，鄧肯正
在房間裡與來訪者閒聊，她看見葉賽寧進來，笑著迎了上去。

葉賽寧醉醺醺地叫嚷著：「少來這一套，快把我的胸像給
我！」

他所說的那個胸像，是蘇聯傑出的雕塑家科尼奧可夫用
一大塊整木為他雕刻而成，擺在了最醒目的古董櫃的頂層。

鄧肯柔聲勸道：「謝爾蓋，你喝醉了，先放在我這吧，待
你神志清醒了，再來拿。」

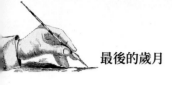

但葉賽寧用力地推搡著鄧肯，嘴裡噴出的酵母味讓鄧肯陣陣作嘔，叫嚷著：「我沒醉，我清醒得很。那是我的胸像。」

他拖了一把椅子到櫃前，搖晃著站了上去。他緊緊抱住了那只胸像，突然連人帶像跌倒在地上。

鄧肯驚叫著，正要上前去扶。哪知葉賽寧一躍而起，逃命似的跑了出去。

鄧肯望著他的背影，心徹底碎了。在場的每一個人，都被深深地刺痛。從此，鄧肯與葉賽寧再也沒有見面。

鄧肯所有的精力都花在教學上，其實，誰也猜測不出她內心的愁苦有多麼深重。鄧肯不斷地教孩子們學習新的舞蹈，她創造出一種「愛爾蘭吉加舞」，用舒伯特的音樂伴奏，單純、跳躍、洋溢著歡樂。她親自為舞蹈設計了服裝，芭蕾舞短裙全是鮮綠色的。

她說：「我的血管裡流著祖父遺傳給我的愛爾蘭血液。在愛爾蘭，革命的顏色不是紅色，而是綠色，因為愛爾蘭的革命者都是被吊在樹上絞死的。」

她還用蘇聯、愛爾蘭、法國、中國的革命歌曲創作了一批舞蹈，影響波及全球。在法國，在中國，在北美和加拿大，到處都有像莫斯科一樣以「伊莎朵拉·鄧肯」命名的藝術學校，它們的節目廣受歡迎。

1924 年 1 月 21 日，列寧逝世。

儘管鄧肯從未與這位偉大的領袖接觸過，但他的去世仍使她深感悲痛。在進入工會大廈的大廳裡瞻仰列寧的遺容之前，她在一位朋友的陪伴下站在外面工人農民的行列裡，冒雪等待了好幾個小時。

但幾十萬群眾列隊緩緩繞過遺體的悲壯場面，給了鄧肯無窮的力量。她特意為列寧創作了兩首葬禮進行曲以寄託自己的哀思。以後，在蘇聯所有的演出中，鄧肯都是以這兩支葬禮進行曲作為開場戲，場場爆滿。在古老的擁有 50 萬人口的烏克蘭首府基輔，鄧肯連演 18 場，滿城都在歡呼：「鄧肯，鄧肯，美麗的女神！」

鄧肯卓絕的舞姿和非凡的表現，使蘇聯人民深切地感到：列寧永遠活著！

這一年 10 月，鄧肯又在一篇文章中寫道：

> 列寧的最偉大之處，就在於，他真正愛全人類。

學校的財政又發生了困難。鄧肯與經紀人季諾維也夫商討著進行一次龐大的巡迴演出，計劃前往伏爾加地區、土耳其地區、烏拉爾地區，還將到西伯利亞，從那裡進入中國。

鄧肯聽說能去中國，高興地說：「那是我一生的夢，美麗而神祕的東方，那裡有非常美麗的刺繡。」

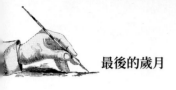

　　可是，這次巡迴演出從一開始就不順利，邊遠地區，沒有文化，人們對舞蹈缺乏最基本的理解，簡直一竅不通。這次遠東巡迴演出只得半途而返。8 月中旬，鄧肯回到莫斯科來簽訂去德國巡迴演出的合約。在學校，她的 500 名學生以美妙的舞蹈迎接她的歸來。

　　她熱淚盈眶地看著他們，說：「見到這些孩子們在陽光下優美自然地載歌載舞，我所受的磨難又算得了什麼呢？」

　　鄧肯冒著酷暑，天天到運動場親自為孩子們授課，她為他們的不斷進步而欣喜。

　　1924 年 9 月 28 日，鄧肯在這個難忘的週末舉行了告別蘇聯的演出。

一代舞后意外去世

　　1924 年 9 月，鄧肯掀過了她生活中蘇聯之旅的一頁。按照合約，她到了德國演出。9 月 30 日凌晨，鄧肯登上了飛往康尼格斯堡的飛機。

　　隨之而來的是一段充滿了新的失望和不幸的日子，當她到達柏林時，才知道她簽訂的德國巡迴演出的合約純粹是一場騙局。鄧肯立時陷入困境，許多曾經的朋友都避而不見。

　　更令人寒心的是，幾十年來患難與共的姐姐伊麗莎白也不理她了！伊麗莎白的周圍都是一些大腹便便的富翁，她那

所設在波茨坦的學校也斷然拒絕鄧肯的加盟。

雷蒙德在法國尼斯，鄧肯想去那裡求援，法國方面馬上傳來消息，不能給「布爾什維克的宣傳者」簽證。

鄧肯被迫將自己出場的價額一降再降，僅僅能維持基本的吃和住，經紀人卻在其中大發橫財。布盧特內爾大廳裡，觀眾高漲的熱情使鄧肯暫時忘記了窘境。

幸運的是，一位不願透露姓名的美國朋友每天給鄧肯送來一塊烤牛排，他對鄧肯說：「我沒有錢，買不起更好的東西。但是，妳一定要挺過去，伊莎朵拉，全世界不能沒有妳的藝術。」

還有兩位年輕的美國留學生，歌手馬丁和鋼琴師阿倫·科，雖然他們的津貼十分有限，但他們總是為鄧肯拿出最後一個便士。當他們也身無分文時，就寫信給外地的朋友，托他們找鄧肯在當地的朋友，給予支援。

鄧肯在絕望之中，忽然收到一筆來自美國的匯款，有幾百美元。而此時，好友塞西爾·索雷爾恰好幫她搞到了簽證，鄧肯又到了巴黎。

到巴黎不久，鄧肯就病倒了，支氣管炎，牙痛，神經衰弱，弄得她痛苦不堪。

雷蒙德多年來經營手織地毯和布匹，生意興隆，財源茂盛。他帶著病中的鄧肯離開了潮濕多霧的巴黎，南下氣候宜人的裡維埃拉。

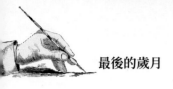

雷蒙德一直是個禁慾主義者，他擔心這對鄧肯的健康沒有好處，便在尼斯的加利弗尼亞區為鄧肯租下了一家小劇院。鄧肯的心情慢慢好轉。

1925年4月的一天，鄧肯在內格雷斯科旅館附近的海濱浴場休息，被蒼蠅叮了一下。她當時沒有在意，不料幾天後右臂就劇烈地腫脹起來，只得讓醫生用刀割開腫脹的部位。她在臥床期間，對前來看望的作家喬治·莫爾韋說：「真的沒用了，一隻蒼蠅都可以把我打倒。」

莫爾韋笑著說：「生命本就是脆弱的，但是命運能讓人變得堅強。伊莎朵拉，你是一個打不倒的人！」

這時，美國一家出版商找到了鄧肯，他們願意以重金買下她的回憶錄。喬治一聽，興奮地對鄧肯說：「這是一次難得的機會。這麼多年了，你完全能夠寫出一本好書，不僅僅是暢銷，而是不受外界干擾，認真地審視自己的內心。這也是另外一種形式的表演，用語言文字演繹自己的思想感情。」

鄧肯在喬治和西班牙作家布拉斯科·伊瓦涅斯的鼓勵下，拿起筆來，她有時自己寫，有時口授給速記員，進展較順利。持續了兩年，回憶錄寫到一半，這就是流傳於世的《鄧肯自傳》。但遺憾的是，這本傳記永遠只是半部。

1925年秋，稍稍寬裕一些的鄧肯又閒不住了。她還是想辦學校。她想，倘若能與法國共產黨合作，在他們的贊助下

創立一所可以接收 1,000 名無產階級兒童學習舞蹈的學校，他們一定會同意。

她請來了曾為她擔任過祕書的小說家安德烈·阿爾恩伊弗爾德，自信地說：「請他們給我送來 1,000 名學生，我會讓他們創造奇蹟。孩子們生來就和諧優美，生氣勃勃，他們就像潔淨的陶土，可以被人們打上歡樂、強健、自然等一切印記。如果我們善於引導，讓他們通曉舞蹈的含義，那麼所有的孩子都能跳舞。形體訓練尚在其次，首先必須培養孩子們的心靈。

「我會將我最優秀的學生從莫斯科接到這裡，她們將在這所學校裡擔任班長，由我為她們提供衣食。但你得向共產黨的領導人強調，要實現這一切，務必有足夠的資金。」

法國共產黨對鄧肯的提議很感興趣，他們專門派了一位代表來與鄧肯商討有關經濟問題。但談判進展緩慢，因為法共內部意見不一，代表們猶豫不決，大半年過去了，這件事依然未能拍板，來自法共的回音總是溫和的「繼續考慮」4 個字。

1925 年歲末，鄧肯接到了艾爾瑪發自莫斯科的電報：葉賽寧死了！鄧肯寫了一封長長的回信，其中說：

> 謝爾蓋的死使我大為震驚，我痛哭了好久。他似乎經歷了人世間的一切痛苦。我自己也遭受了一系列的災難，以致時常想到隨他而去，不過我會選擇投海。但目前我還不能這樣做，我有一個未來的計劃需要完成。

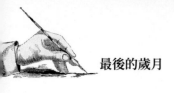

這個「未來的計劃」就是指鄧肯還在苦苦努力地與法共合作辦一個千人規模的學校。

不久，鄧肯接受英國聯合報刊駐尼斯記者的採訪，最後她沉痛地說：「現在全世界都在笑，而我卻在哭。」

1926 年 9 月 10 日，鄧肯在巴黎舉行了一場李斯特專場作品的演出。期間，法國詩人讓‧科克多朗誦了他的成名作《埃菲爾鐵塔的婚禮》，而後，又即興朗誦新作《奧菲斯》。

奧菲斯是希臘神話中善彈豎琴的歌手，鄧肯在詩歌婉轉的旋律裡聽到了縹緲的琴聲，她翩翩起舞，彷彿又回到了希臘那神話般的氛圍中。

不久，鄧肯決定拍賣她在涅宜的住宅。那是一塊傷心之地，她的兩個孩子就是從那裡出去被塞納河水奪去了生命。另一個原因則是她負債纍纍，1922 年的一筆 3,000 法郎的欠款，加上高額利息，到 1926 年已超過了 10,000 法郎。

11 月 24 日，鄧肯接到了莫斯科法院的通知，鑒於她是葉賽寧的遺孀，確定她有葉賽寧財產的繼承權，一共約 40 萬法郎。這筆錢對鄧肯來說，實在是太寶貴了，她的口袋裡連吃下一頓飯的錢都沒有了。

但她不為所動，馬上草擬了一份電報，發往莫斯科法院的首席法官，聲稱放棄對葉賽寧財產的一切權利，並建議將其贈與葉賽寧的母親和妹妹，她們比她更迫切需要這筆錢。

第二天，法院就以 31 萬法郎的低價賣出了涅宜的住宅。

這筆錢很快就被她以前欠的各種債務侵蝕一空。不久，她棲身的呂特蒂阿旅館的辦公室給她送來了一張帳單，9,000 法郎！信封內附有便條：

如果這張帳單不能在當晚付訖，鄧肯女士必須搬出此室。

有生以來鄧肯第一次以這種方式被勒令離開旅館。她所遭遇的困境，激發起許多文化人的良知。在巴黎上層社會極具感召力的多蘿西・愛爾蘭小姐的公寓裡，正在召開一個緊急會議。

主要議題是迅速成立一個委員會，籌集資金，爭取在涅宜住宅第二次拍賣時將其買回，讓鄧肯重新成為它的主人。這個委員會的成員有：塞西爾・薩爾托里斯女士、伊奧爾斯卡女士、安德烈・阿爾恩伊弗爾德先生、喬治・丹尼斯先生和阿爾弗雷多・賽茲先生。

伊奧爾斯卡是一位卓有成就的女演員，她的古道熱腸和大義凜然享譽歐洲演藝界。有一天，她來到了薩布隆斯大街鄧肯蟄居的那間陰暗的小工作室裡，只見家徒四壁，連一個衣箱也沒有，鄧肯正在津津有味地看著一本書。

伊奧爾斯卡問道：「伊莎朵拉，你隨身的東西呢？」

鄧肯笑道：「就在那裡，那個手提袋裡。」

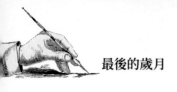

伊奧爾斯卡走過去看了看：「這只有些紙。我問你的衣服放在哪？」

「衣服嗎，我都穿在身上了。那個手提袋裝著我的全部財富，它們是無價之寶，我的信件和回憶錄，那是我感情的全部寄託。」

「伊莎朵拉，你還剩多少錢？」

鄧肯笑了，她掏出錢包裡所有的錢說：「來，咱們一起數數，哦，5 法郎，35 生丁。」

「真恐怖。你怎麼還能安心躺著看書呢？」

「我過得很好，我在讀《雅歌》。你能給我讀一段嗎？」

「現在？不行！伊莎朵拉，答應我，為生活作一次讓步，如果你能在香榭麗舍大街音樂廳工作兩週，他們就會付給你5,000 法郎，他們馬上想和你簽合約。」

「親愛的伊奧爾斯卡，非常感謝你的好意。我不會原諒任何背叛自己藝術的人。藝術是神聖的，除了兒童之外，藝術是世界上最聖潔的東西。」

「伊莎朵拉，你不是要辦學校嗎？辦學校離不開錢啊！」

「說實在的，我並不怕沒錢。我最怕的是夜晚到來，我總在那時想起我的孩子，可憐的孩子。來，請給我讀《雅歌》吧！」

伊奧爾斯卡為此次專訪寫了一篇感人肺腑的文章：

> 我讀完此書時，她在哭泣。當她告訴我她僅有 5 法郎
> 時，她還在笑著。當她告訴我那個已被信件占去一半
> 的手提袋裝有她的全部財產時，她仍在笑著。然而，
> 當她聽到《雅歌》時，卻淚流滿面！

的確，這位美國婦女是由神聖的材料做成的。她的名字應流傳千古，這位天才確實改變了整個世界。

專門成立的那個委員會舉行了大量實際行動：公開募捐、拍賣禮物。但由於內部也存在著不少的分歧，導致效率不高，買回涅宜住宅的錢遲遲沒有湊齊，不過這些錢使鄧肯的生活大有起色。

1927 年夏，許多朋友來到了鄧肯的身邊，也讓她心境豁然開朗，除了瑪麗外，還有愛德華・斯泰肯，他於 1920 年在希臘攝製的一幅鄧肯的照片，被譽為最能展示「最偉大的舞蹈家的風采」。艾爾瑪・鄧肯也來了！她專程從莫斯科趕來看望自己的養母，並匯報學校的近況。

7 月 8 日下午，鄧肯在莫加多爾劇院舉行了她一生中最後一場公開演出。樂隊指揮是艾伯特・沃爾夫，節目是鄧肯精心選定的，有舒伯特的《聖母頌》和華格納的《綺瑟之死》等。

許多作家、記者、評論家都對那次演出寫過印象記，而且是難得的眾口一詞的頌揚。其中魏爾納有這樣一段描述：

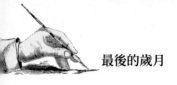

從來沒有過這樣的成功，沒有過這樣的令人入迷，甚至在她年輕時名聲顯赫的日子裡，也不曾如此地動人心弦過。這裡有一種神祕的、神聖的東西。

當她表演《聖母頌》時，觀眾的眼睛沒有一隻是乾的。所有在場的人，評論家、舞蹈家、美術家、音樂家、舞臺工作人員等，都看得出神入迷，失去理智。

表演剛剛結束，整個大廳的觀眾全體起立，鼓掌歡呼。

啊，天啦，她取得了這最後一次勝利，是多麼美啊！

鄧肯為這次演出付出了所有的心力，面對熱烈鼓掌歡呼的觀眾，鄧肯含著淚水，只是揮手致意。她將指揮沃爾夫請到撒滿鮮花的臺上來，一起向觀眾鞠躬、微笑。她一言不發。而以前每次演出之後，她都會來一段具有轟動效應的講演。

臺下的老朋友們都隱隱感到一絲無言的傷痛。

法國作家亨裡特·索雷特意到她的化妝室去向她表示祝賀，後來他描述說：

她躺在那裡，尚未完全脫掉的衣裙，露出一雙赤腳，疲憊不堪的頭靠在迷人的雙臂上。她看上去心情沉重，塗有口紅的雙唇緊緊閉在一起，紅髮如同古代雕像中的頭髮那樣捲曲著，宛若稻莖無力地搭在肩上。

當時，像有一塊石頭從天上落下來，砸在索雷的心坎上。他默默地退了出去。

　　8 月 12 日，美國藝術家羅伯特·錢德勒和克萊門斯·倫道夫小姐主持午宴，鄧肯和瑪麗應邀出席。來接她倆的是一輛漂亮的布加迪賽車和一位英俊的義大利司機，他叫本奧伊特·法爾凱托，他們一路上談笑風生，很快成了好朋友。

　　鄧肯喜歡各種類型的車，而法爾凱托是這方面的大行家。他們相約後天一起去英格蘭遊樂場乘車兜風。

　　13 日，星期二，鄧肯應邀到朋友和經紀人奧托伊斯先生家中用餐。他們研究了在裡維埃拉和法國其他地區舉行冬季巡迴演出的可能性。

　　1927 年 9 月 14 日晚，鄧肯與好友瑪麗在尼斯一家位於英格蘭大街附近的飯館裡靜靜地用餐。

　　瑪麗的思緒正在被一種莫名的感覺困擾著。空氣中有一種壓抑的氣氛。她喝了一口酒後說：「伊莎朵拉，真奇怪，我突然有一種不祥的預感。」

　　鄧肯說：「今晚我只乘車出去轉轉，很快就回來。瑪麗，你有些迷信了，抽支煙吧，心情會好些。」

　　她們離開餐館，回到工作室。鄧肯邊等法爾凱托，邊打開唱片隨著歌聲跳起舞來。

　　聽到敲門聲，鄧肯一把抓起色彩斑斕的紅色羊毛圍巾，在脖頸上繞了兩圈，舞著走向房門去迎接法爾凱托。

　　當她在門廳裡準備出發時，瑪麗看了一眼她單薄的衣著說：「伊莎朵拉，你最好穿上我的外套，不然你會著涼的。」

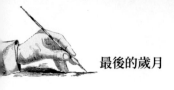

鄧肯回答說：「不用，我戴上了紅圍巾挺暖和。」

法爾凱托也在一旁說：「我的汽車不太乾淨，你披上我的外套好嗎？」

鄧肯搖了搖頭。法爾凱托就轉身向汽車走去，鄧肯則在後面邊舞邊跟著。當她在司機身旁落座時，她轉過身來向瑪麗以及站在工作室門廳裡的一位朋友揮手喊道：「再見，朋友，我走向光明去啦！」

汽車啟動時，人們見到鄧肯將長圍巾的流蘇甩到了左肩上。汽車全速向前衝去，圍巾的一角落在車輪旁邊的地上。

瑪麗尖叫起來：「妳的圍巾，伊莎朵拉，撿起妳的圍巾。」

僅僅1分鐘不到，汽車戛然而止，人們以為這是為了讓鄧肯撿起圍巾，就一起走上前去，卻發現鄧肯的頭部已經向前倒下去。只見法爾凱托哭著跑出來，一邊哀號：「我殺死了聖母，我殺死了聖母！」

紅圍巾的一部分和流蘇被緊緊地纏在車軸上。當疾駛的汽車突然顛簸時，圍巾裹緊了鄧肯的頸部。上帝以奇特的方式喚回了在人世受苦的孩子，死神在無情地行使使命時，總算不忘以一種出色的方式去配合她追求美和浪漫的個性。它只用一個突如其來的動作便迅速壓碎了她的頸動脈。

朋友們抽泣著剪斷厚厚的紅圍巾，火速把鄧肯送往聖羅克醫院。然而她的呼吸已完全停止，生命已離她而去。那裡的醫生們當即就宣布了她的死亡。

天才的舞蹈女神伊莎朵拉·鄧肯就這樣告別了人間，年僅 50 歲。

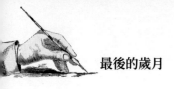

最後的歲月

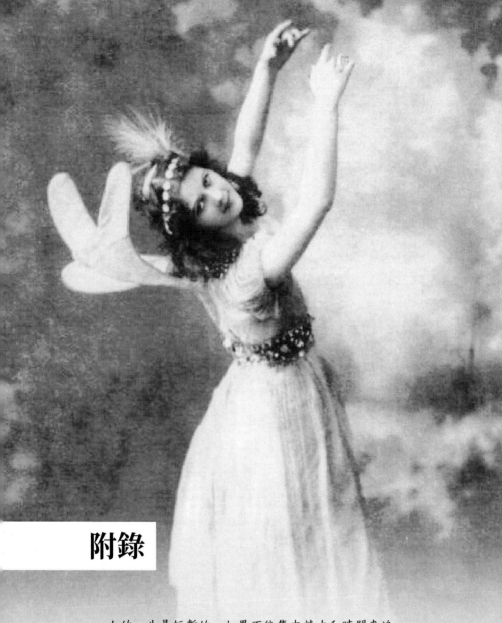

附錄

人的一生是短暫的，如果不能集中精力和時間來追
求自己的理想，那將遺恨終生。

—— 鄧肯

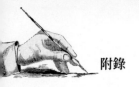

年譜

1877 年 5 月 26 日，出生於舊金山。

1890 年，母女倆去芝加哥尋求發展。

1900 年，和全家離開美國，前往歐洲開闢自己的前程。

1902 年，到了巴黎，她很快名揚整個巴黎。

1905 年，生下女兒迪爾黛莉。

1908 年，生下兒子派翠克。

1913 年，兩個孩子在乘車事故中溺水而死。

1904 年至 1913 年，數次訪問俄國。

1921 年至 1922 年，蘇俄政府幫她在莫斯科建了一所舞蹈學校，她到蘇俄定居，並在那裡與狂熱激進的蘇俄革命詩人葉賽寧相識、結婚。

1923 年，最後一次赴美巡迴演出。

1924 年，返回蘇聯，與葉賽寧分手。

1925 年 12 月 28 日，葉賽寧自殺身死。鄧肯悲痛萬分。

1924 年至 1927 年，鄧肯生活在柏林、巴黎、尼斯之間，居無定所。

1927 年 9 月 14 日，鄧肯在尼斯因意外事故去世，享年 50 歲。同年，她的自傳《我的生平》出版。

名言

最自由的身體，蘊藏著最高的智慧。

只有喚起人類追求美的願望，她才能獲得美的本身。

發現美、創造美、欣賞美才能使我們的生活更精彩。

刻板，就是因為他們專心一意奔向一個目標而無暇旁顧。

於古典藝術中凝煉舞蹈的原素，如同在原野上採擷花朵。

舞蹈是一個對生命的完整概念，還有透過動作表達人類心靈的藝術。

將來的舞蹈家必須是肉體與靈魂相結合的，肉體動作必須發展為靈魂的自然語言。

我發現了舞蹈，這種已經失傳了兩千年的藝術。我這種思想，要改變整個時代的潮流。

當我在舞蹈上向觀眾展示自己的作品那一刻，覺得自己是世上幸運的人，我便忘記了人生所有的酸甜苦辣。

新事物如果遇不到舊勢力的阻遏，那就不過是舊的變種，或者，是毫無生命力的新事物，好比溫室裡培育出來的幼苗。

電子書購買

國家圖書館出版品預行編目資料

自由之舞鄧肯：以復興為起點創新，現代舞的
奠基者 / 盧芷庭，賴春紅編著 . -- 第一版 . -- 臺
北市：崧燁文化事業有限公司 , 2022.10
　　面；　公分
POD 版
ISBN 978-626-332-746-7(平裝)
1.CST: 鄧　肯 (Duncan, Isadora, 1877-1927)
2.CST: 現代舞 3.CST: 舞蹈家 4.CST: 傳記
976.9352 111014476

自由之舞鄧肯：以復興為起點創新，現代舞的奠基者

臉書

編　　著：盧芷庭，賴春紅

發 行 人：黃振庭

出 版 者：崧燁文化事業有限公司

發 行 者：崧燁文化事業有限公司

E - m a i l：sonbookservice@gmail.com

粉 絲 頁：https://www.facebook.com/sonbookss/

網　　址：https://sonbook.net/

地　　址：臺北市中正區重慶南路一段六十一號八樓 815 室

Rm. 815, 8F., No.61, Sec. 1, Chongqing S. Rd., Zhongzheng Dist., Taipei City 100, Taiwan

電　　話：(02) 2370-3310　　　傳　　真：(02) 2388-1990

印　　刷：京峯彩色印刷有限公司（京峰數位）

律師顧問：廣華律師事務所 張珮琦律師

―版權聲明―

定　　價：350 元

發行日期：2022 年 10 月第一版

◎本書以 POD 印製